टूल अँड डाय मेकर TDM प्रथम वर्ष हिंन्दी MCQ

TOOL AND DIE MAKER TDM FIRST YEAR HINDI MCQ

मनोज डोळे

Made with ♥ on the Notion Press Platform
www.notionpress.com

डिजिटाइजेशन समय की मांग है। भविष्य में, प्रशिक्षण को अधिक सुविधाजनक और आसान बनाने के लिए ऑनलाइन इंटरनेट का उपयोग करके औद्योगिक प्रशिक्षण संस्थानों में प्रशिक्षण आयोजित करने की आवश्यकता होगी। एमसीक्यू प्रश्नों के एक सेट वाली ई-पुस्तकें प्रशिक्षुओं को उपलब्ध कराई जाएंगी क्योंकि उन्हें अपने औद्योगिक प्रशिक्षण संस्थानों में होने वाली ऑनलाइन परीक्षाओं की तैयारी के लिए बहुविकल्पीय प्रश्नों एमसीक्यू के अधिक आदी होने की आवश्यकता है।

इन सब बातों को ध्यान में रखते हुए औद्योगिक प्रशिक्षण संस्थान सतारा के प्रशिक्षक श्री मनोज मधुकर डोले ने नई वार्षिक प्रणाली और एनएसक्यूएफ-5 पाठ्यक्रम के अनुसार पुस्तकें लिखी हैं। और उन्होंने प्रशिक्षण को आसान बनाने के लिए सैद्धांतिक मोबाइल ऐप और ब्लॉग बनाए हैं, और इन सभी शैक्षिक सामग्री को विश्व प्रसिद्ध वेबसाइटों Google Play Store, Amazon और Apple Book Store पर डाउनलोड के लिए उपलब्ध कराया है।

पुस्तकों का प्रकाशन माननीय सहसंचालक श्री राजेंद्र घुमे साहेब प्रादेशिक व्यावसायिक शिक्षण व प्रशिक्षण कार्यालय, पुणे द्वारा दिनांक 9/1/2019 को किया गया, इस समय श्री प्रकाश सहगवकर साहब प्राचार्य शासकीय औद्योगिक प्रशिक्षण संस्थान औंध पुणे, श्री तुकाराम मिसाल साहेब प्राचार्य सरकार प्र. संस्था सतारा, श्री सचिन धूमल साहब जिला व्यावसायिक शिक्षा एवं प्रशिक्षण अधिकारी सतारा, श्री यतिन परगांवकर साहब प्राचार्य शासन. Q. संस्था कोल्हापुर, श्री विकास टेक साहब इंस्पेक्टर वोकेशनल एजुकेशन एंड ट्रेनिंग रीजनल ऑफिस पुणे, पालेकर फूड्स प्रोडक्ट्स प्रा. लि. सतारा के उद्यमी अध्यक्ष श्री नीलकंठराव पालेकर साहब, हीरा फूड्स के अध्यक्ष श्री इब्राहिम बाबा तंबोली साहब, श्रीमती शाल्मली पवार मुख्याध्यापिका शासकीय तकनीकी विद्यालय केंद्र सतारा सहित अन्य गणमान्य व्यक्ति इस अवसर पर उपस्थित थे।

क्रम-सूची

प्रस्तावना

टूल अँड डाय मेकर TDM प्रथम वर्ष हिंन्दी MCQ आईटीआई इंजीनियरिंग कोर्स टूल एंड डाई मेकर (प्रेस टूल्स, जिग्स एंड फिक्स्चर) डाईज एंड मोल्ड्स के लिए एक सरल बुक है। , प्रथम वर्ष, में संशोधित एनएसक्यूएफ - पाठ्यक्रम , इसमें रेखांकित और बोल्ड सही उत्तरों के साथ वस्तुनिष्ठ प्रश्न शामिल हैं, एमसीक्यू में सभी विषयों को शामिल किया गया है, जिसमें फाइलिंग, सॉइंग, ड्रिलिंग, टैपिंग, चिपिंग जैसे फिटिंग कवरिंग घटकों के बारे में सभी शामिल हैं। पीसने और अलग-अलग फिट, खराद पर संचालन को मोड़ना, सादा, सामना करना, उबाऊ, ग्रूविंग, स्टेप टर्निंग, पार्टिंग, चम्फरिंग, नूरलिंग और अलग-अलग पैरामीटर सेट करके अलग-अलग थ्रेड कटिंग, अलग-अलग मिलिंग ऑपरेशन (सादा, स्टेप्ड, कोणीय, डोवेटेल) टी-स्लॉट, कंटूर, गियर) सतह और बेलनाकार ग्राइंडिंग के साथ ± 0.02 मिमी की सटीकता के साथ, सीएडी और प्रो ई में मोल्ड के ठोस मॉडलिंग ने वेल्डिंग की सेटिंग और निष्पादन और बहुत कुछ सिखाया।

हम प्रत्येक नए संस्करण के साथ नए प्रश्न उत्तर जोड़ते हैं। किसी भी त्रुटि/चूक के मामले में कृपया हमें ईमेल करें। यह यकीनन सभी इंजीनियरिंग बहुविकल्पीय प्रश्नों और उत्तरों के लिए सबसे बड़ी और सर्वश्रेष्ठ ई-बुक है।

एक छात्र के रूप में आप इसे अपनी परीक्षा की तैयारी के लिए उपयोग कर सकते हैं। यह ई-पुस्तक प्रोफेसरों के लिए सामग्री को ताज़ा करने के लिए भी उपयोगी है।

भूमिका

डीजीईटी नई दिल्ली और सीएसटीएआरआई कोलकाता अगस्त 2018 सत्र से आईटीआई में सभी व्यवसायों के लिए एक वार्षिक पैटर्न लागू कर रहे हैं। परीक्षा प्रणाली में भी बदलाव किया जाएगा और यह इस साल से ऑनलाइन हो जाएगी और चूंकि सभी प्रश्न वस्तुनिष्ठ प्रकार (एमसीक्यू) के हैं, इसलिए प्रशिक्षुओं को गहन अध्ययन की सख्त जरूरत है। इसे ध्यान में रखते हुए हमें पुराने NIMI पैटर्न पर आधारित पुस्तकें और नए वार्षिक पैटर्न का संपूर्ण अवलोकन प्रस्तुत करते हुए प्रसन्नता हो रही है, और हम आशा करते हैं कि ये पुस्तकें सभी व्यावसायिक निदेशकों और प्रशिक्षुओं के लिए एक मार्गदर्शक होंगी। है।

इन पुस्तकों को लिखने के लिए आईटीआई अकलुज के प्राचार्य जोहर अवाटे साहब ने कहा। आईटीआई सतारा सहगवकर साहब के पूर्व प्राचार्य, सहायक निदेशक श्री चंद्रकांत ढेकने साहेब क्षेत्रीय व्यावसायिक शिक्षा एवं प्रशिक्षण कार्यालय, पुणे, जिला व्यावसायिक शिक्षा एवं प्रशिक्षण अधिकारी सचिन धूमल साहेब एवं प्रधानाध्यापक शासकीय तकनीकी विद्यालय केन्द्र शाल्मली पवार मैडम एवं पुत्र अधिराज डोले, माता कुसुम डोले , मैं अपने पिता मधुकर डोले और पत्नी अश्विनी डोले को समय-समय पर उनके विशेष मार्गदर्शन और सहयोग के लिए बहुत आभारी हूं।

साथ ही, बहुत ही कम समय में श्री राजेन्द्र घुमे साहेब, संयुक्त निदेशक, व्यावसायिक शिक्षा और प्रशिक्षण क्षेत्रीय कार्यालय, पुणे द्वारा पुस्तक के प्रकाशन में उनके अमूल्य समय के लिए पुस्तक की समीक्षा की गई। मैं उनकी प्रतिक्रिया के लिए हृदय से आभारी हूँ।

पुस्तक लिखने की शुरुआत से ही निरंतर समर्थन के लिए मैं आईटीआई सतारा के प्रशिक्षक का आभारी हूं।

इस पुस्तक से, मैं खुद को धन्य मानता हूं कि मैंने आपके साथ ई-लर्निंग पर अपने विचार साझा किए। मैं यह दावा नहीं करूंगा कि यह पुस्तक पूर्ण है, क्योंकि पूर्णता को देखते हुए यह पुस्तक एक प्रयास है और अपनी शैशवावस्था में है। यदि उनका परीक्षण और सुझाव दिया जाए तो वे सुधार के लिए मूल्यवान होंगे।

मनोज डोले

दिनांक 9/1/2019

पावती (स्वीकृति)

21वीं सदी में औद्योगिक क्षेत्र में तेजी से बढ़ती मांग के अनुरूप बहु-कुशल कारीगरों की आपूर्ति के लिए व्यावसायिक शिक्षा और प्रशिक्षण विभाग के माध्यम से व्यावसायिक शिक्षा और प्रशिक्षण विभाग के माध्यम से व्यावसायिक शिक्षा और प्रशिक्षण प्रदान किया जाता है। संस्थानों के भीतर सभी व्यवसाय महत्वपूर्ण हैं, क्योंकि इन व्यवसायों के प्रशिक्षु उद्योग की मांगों के अनुसार बहु-कौशल विकसित करते हैं।

सभी व्यवसायों के लिए उपयुक्त एमसीक्यू ई-पुस्तकें उपलब्ध कराने के नेक इरादे से, यह देखते हुए कि औद्योगिक क्षेत्र के सभी उद्योगों में सभी परीक्षाएं ऑनलाइन आयोजित की जाती हैं और इसमें एमसीक्यू पद्धति के प्रश्न शामिल होते हैं। श्री मनोज मधुकर डोले ने नए वार्षिक पाठ्यक्रम के अनुसार एमसीक्यू पद्धति पर एक बहुत अच्छी ई-बुक लिखी है। यह ई-पुस्तक निश्चित रूप से सभी प्रशिक्षुओं, प्रशिक्षु उम्मीदवारों, प्रशिक्षण प्रशिक्षकों और अन्य संबंधितों के लिए एक मार्गदर्शक होगी।

पुस्तक के लेखक श्री मनोज मधुकर डोले, इंस्ट्रक्टर गॉव आईटीआई सतारा को 17 साल का प्रशिक्षण अनुभव है। एक नए वार्षिक पैटर्न के रूप में लिखी गई, यह ई-बुक प्रत्येक विषय के लिए लेआउट, सरल भाषा और सरल सिंटैक्स, आरेख और वीडियो को समझने के लिए आधुनिक डिजिटल क्यूआर कोड तकनीक को शामिल करती है। इसलिए मुझे विश्वास है कि यह ई-पुस्तक निश्चित रूप से गहन अध्ययन और परीक्षा अभ्यास के लिए उपयोगी होगी। उन्होंने जो कार्य किया है वह निश्चित रूप से काबिले तारीफ है।

श्री तुकाराम मिसाल
प्राचार्य शासकीय औद्योगिक प्रशिक्षण संस्था सातारा.

आमुख

हमारे औद्योगिक प्रशिक्षण संस्थानों की औद्योगिक प्रशिक्षण और सैद्धांतिक परीक्षा प्रणाली और इन परिवर्तनों को शिल्प प्रशिक्षकों और प्रशिक्षुओं द्वारा स्वीकार किया गया है। आपके औद्योगिक प्रशिक्षण संस्थानों में आयोजित सैद्धांतिक परीक्षाएं भी ऑनलाइन आयोजित की जाती हैं। चूंकि ये परीक्षाएं बहुविकल्पीय एमसीक्यू पद्धति की हैं, इसलिए प्रशिक्षुओं को ऐसे प्रश्नों का अधिक अभ्यास करने की आवश्यकता होगी।

इन सब बातों को ध्यान में रखते हुए श्री मनोज मधुकर, निदेशक, डोले क्राफ्ट्स, कटारी औद्योगिक प्रशिक्षण संस्थान, सतारा, ने नई वार्षिक प्रणाली और NSQF-5 के अनुसार, गहन अध्ययन किया है और अपनी मेहनत से और अपनी गहरी बुद्धि को जोड़ा है। पाठ्यक्रम, कटारी और अन्य मशीन ट्रेडों की ई-बुक। -बुक) और उन्होंने प्रशिक्षण को आसान बनाने के लिए सैद्धांतिक विषयों पर मोबाइल ऐप और ब्लॉग बनाए हैं और इन सभी शैक्षिक सामग्री को विश्व प्रसिद्ध वेबसाइटों Google Play Store, Amazon और Apple Book Store पर डाउनलोड के लिए उपलब्ध कराया है। प्रिंट संस्करण बनाकर और क्यूआर कोड जैसी उन्नत तकनीकों का उपयोग करके प्रशिक्षण को आसान बना दिया गया है।

ये सभी शैक्षिक सामग्री निश्चित रूप से सभी प्रशिक्षुओं के लिए गहन अध्ययन के लिए और शिल्प प्रशिक्षकों और अन्य संबंधितों के लिए एक मार्गदर्शक होगी जो व्यावसायिक प्रशिक्षण प्रदान कर रहे हैं।

1

टूल अँड डाय मेकर TDM प्रथम वर्ष हिंन्दी QR Code Images

Download App
Online Test Exam
ITI Books
AutoCAD CAM
JOB & Apprentice
Online Theory
Computer Course
Trading Course
CNC Course
MSCIT Course
Shopping Business
Internet Business
Web Designing
Online Services
Top Sportsmans
Indian Army
Freedom Fighters
Top Scientists
Social Reformers
Motivational Speaker
Top Richest People
Join WhatsApp Group
Join Facebook Group
Like Facebook Page
PAN / Adhar / Licence
Passport

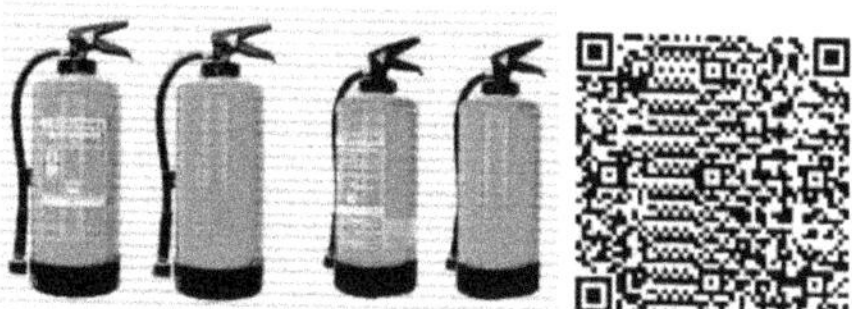

Fire extinguisher

Calliper

Hacksaw frame

Universal surface guage

Hammer

Centre punch

Bench vice

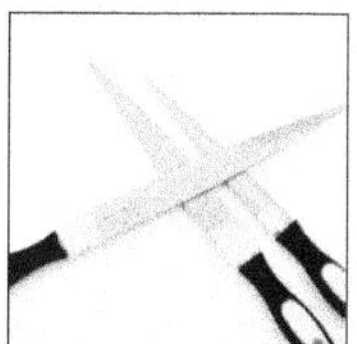

Files

Scraper

Surface Plate

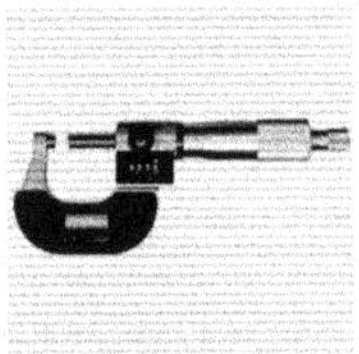

Outside Micrometer

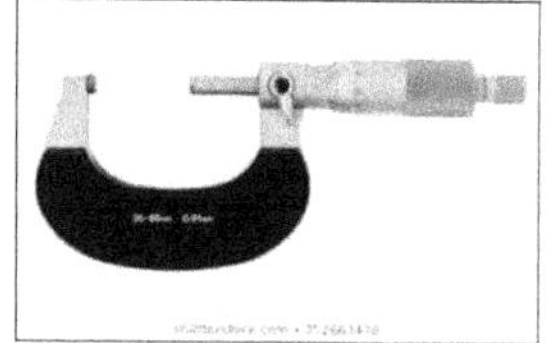

Micrometer

Depth micrometer

Vernier Calliper

Vernier bevel protractor

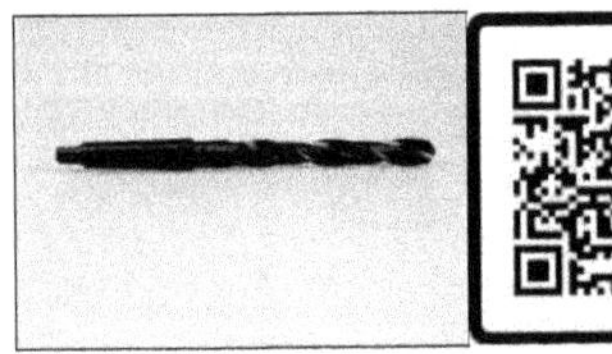

Drilling

Reamer

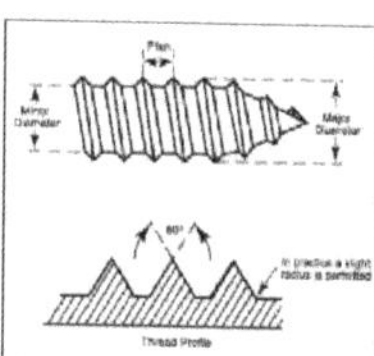

Thread

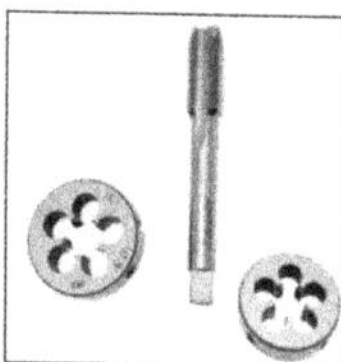

Tap Die

Grinding Wheel

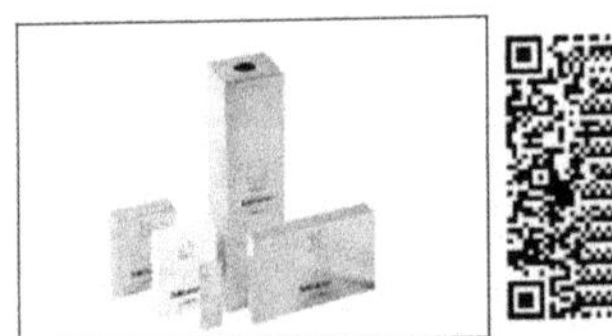

Slip gauge

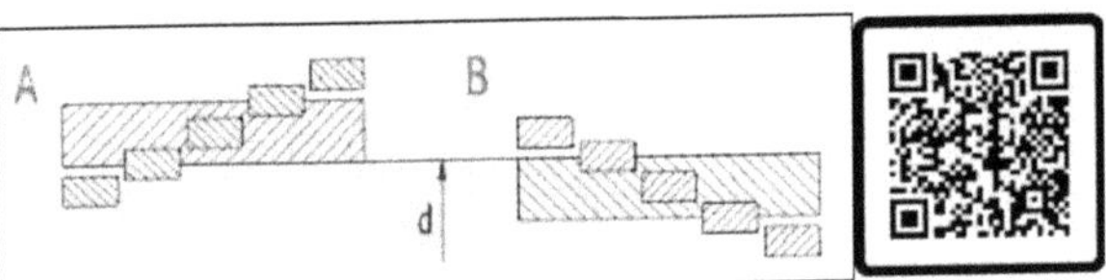

Limit fit tolerance

Lathe Machine

Lathe chuck

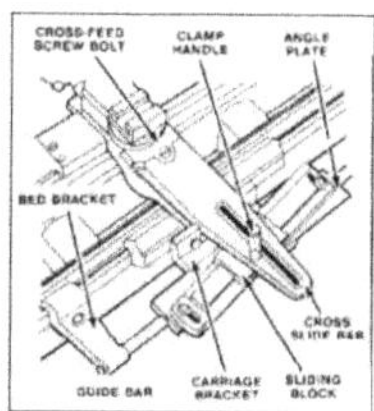

Taper turning attachment

taper ring gauge

screw pitch gauge

Gear

screw pitch gauge

Tap Die

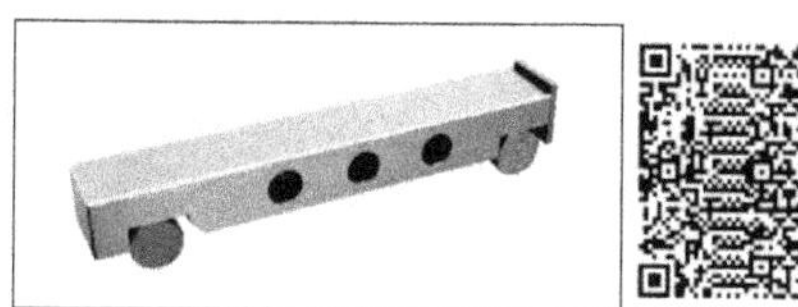

Sine bar

Slip gauge

Dial test indicator

Telescopic gauge

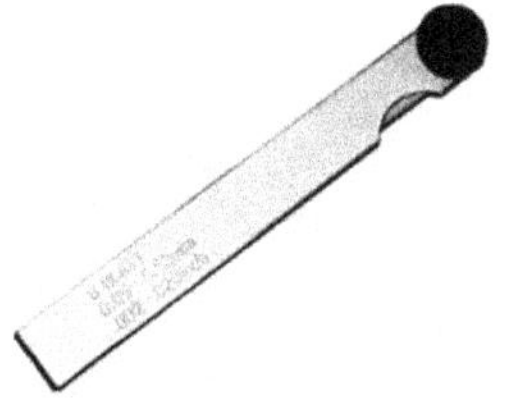

Feeler gauge

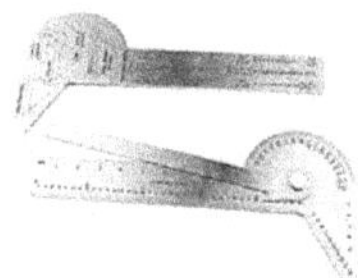

Centre gauge

Jig

Fixture

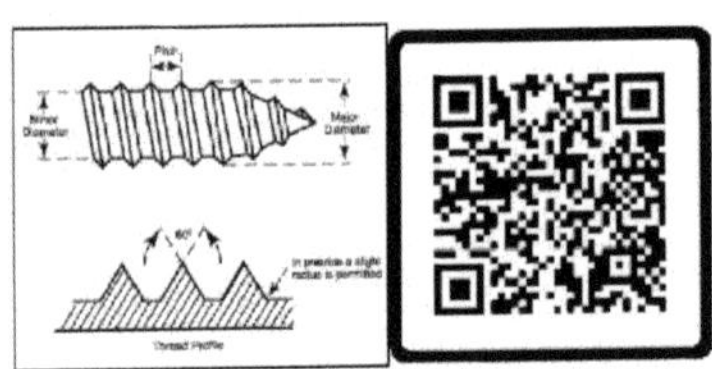

Thread

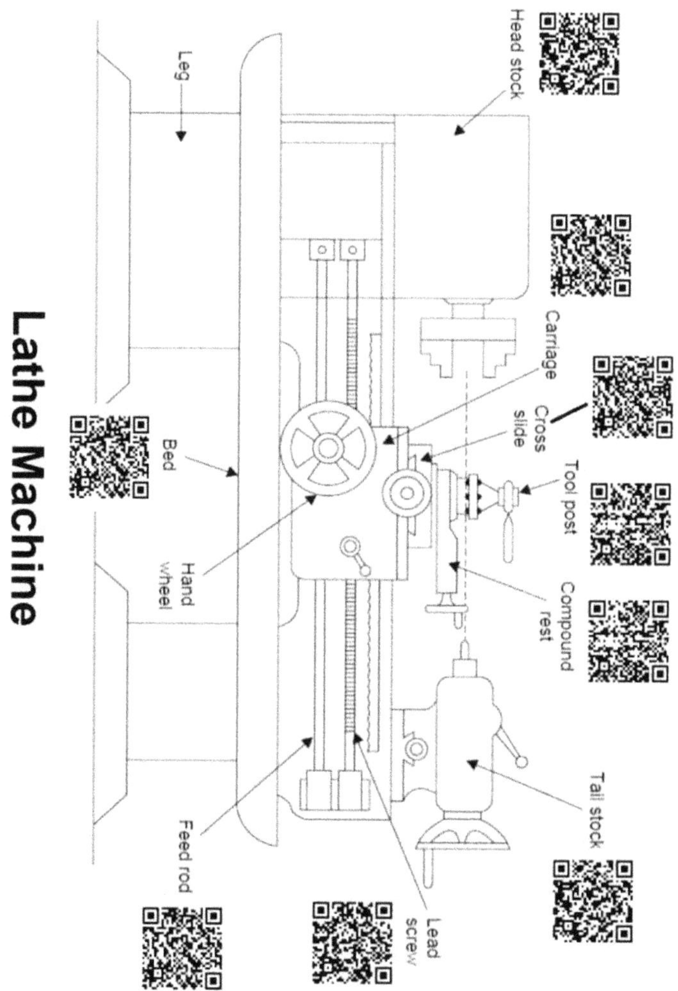
Lathe Machine
Head stock
Leg
Carriage
Cross slide
Tool post
Bed
Hand wheel
Compound rest
Tail stock
Feed rod
Lead screw

Bench Grinding Machine

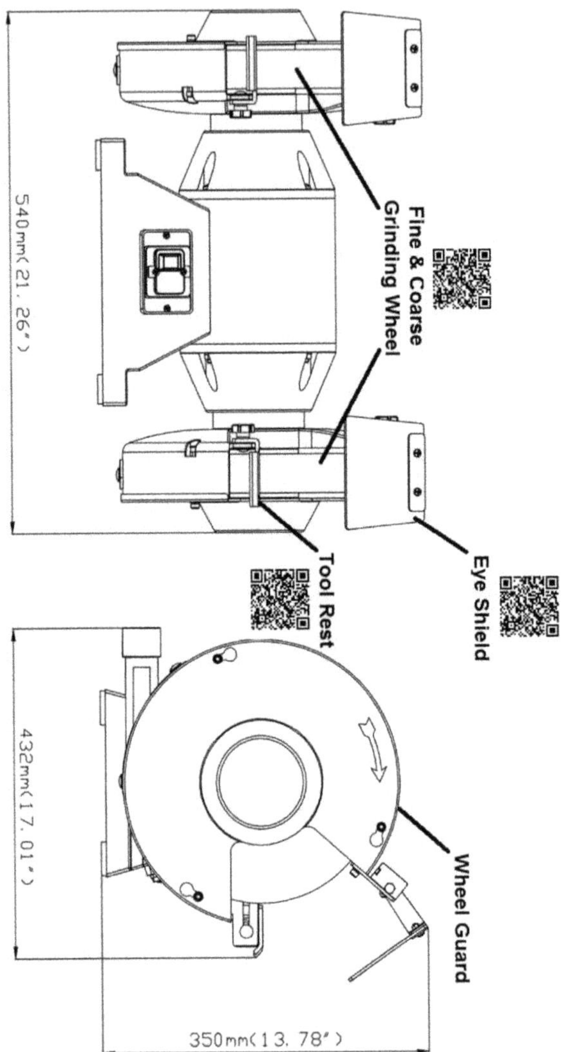

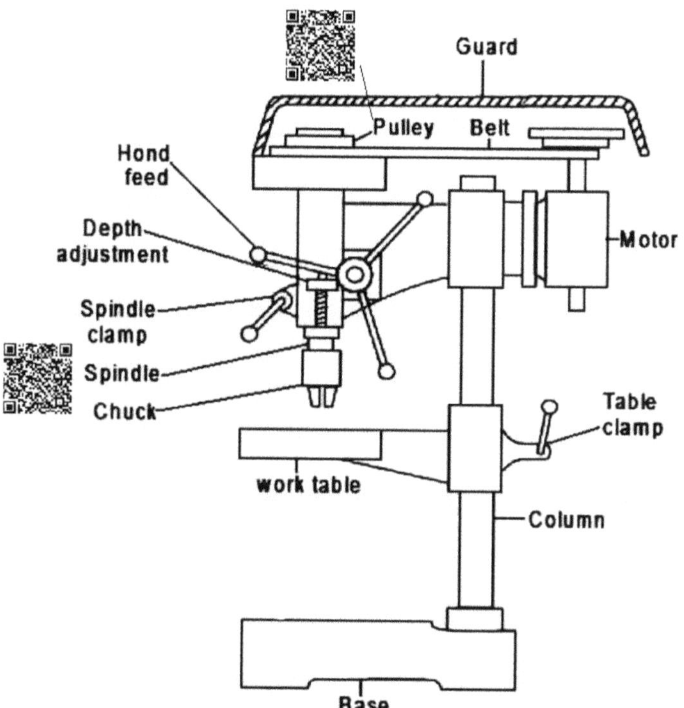

Piller Drilling Machine

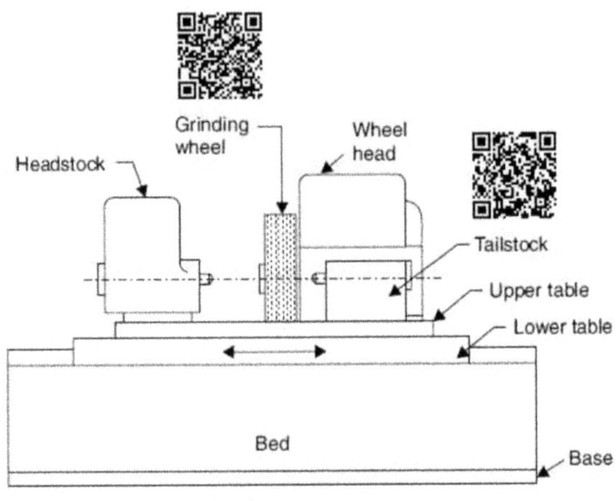

plain cylindrical grinder

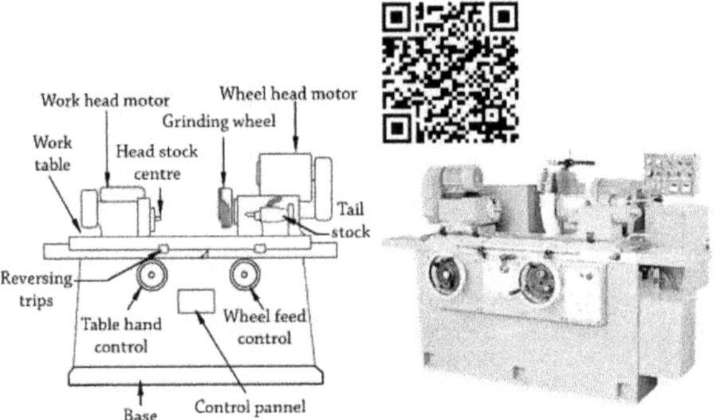

Cylindrical grinding machine

PLAIN OR HORIZONTAL MILLING MACHINE

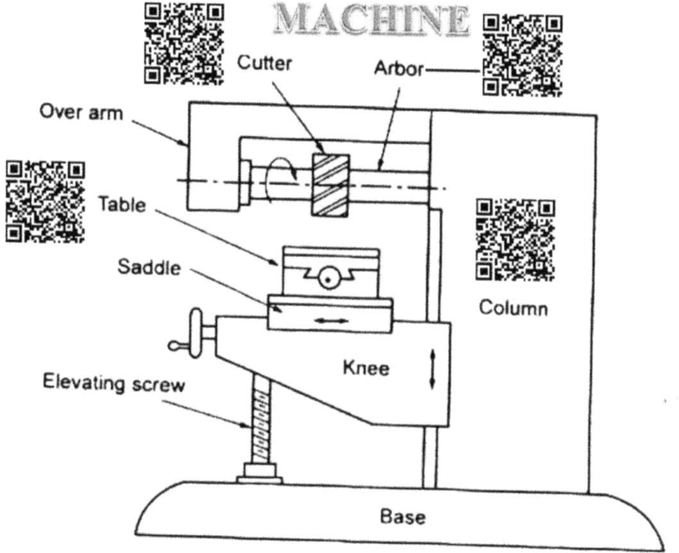

To study Different operations and parts of Surface Grinding Machine

SURFACE GRINDER

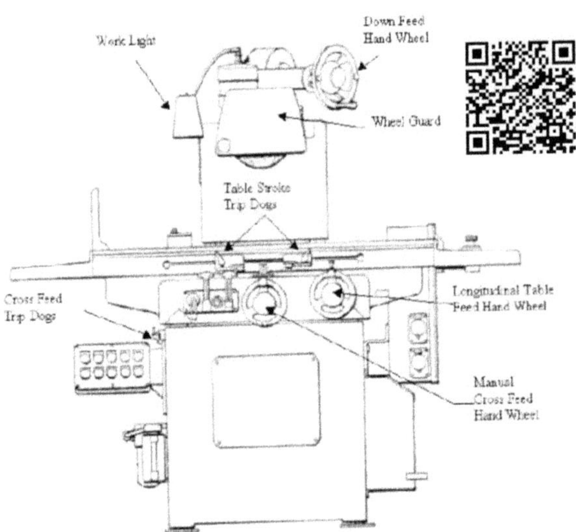

Surface grinding is used to produce a smooth finish on flat surfaces. It is a widely used abrasive machining process in which a spinning wheel covered in rough particles (grinding wheel) cuts

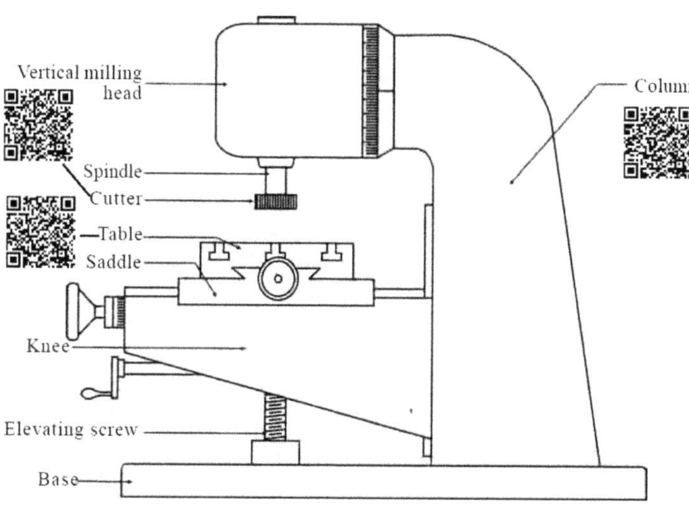

Vertical Milling Machine

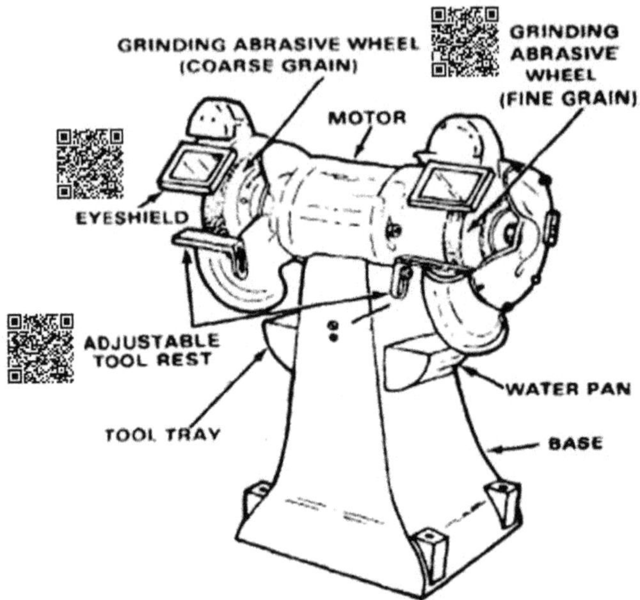

Pedastal Grinding Machine

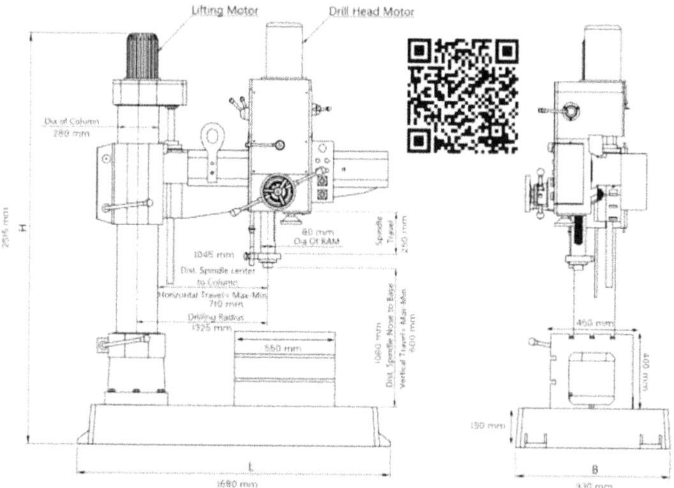

Radial Drilling Machine

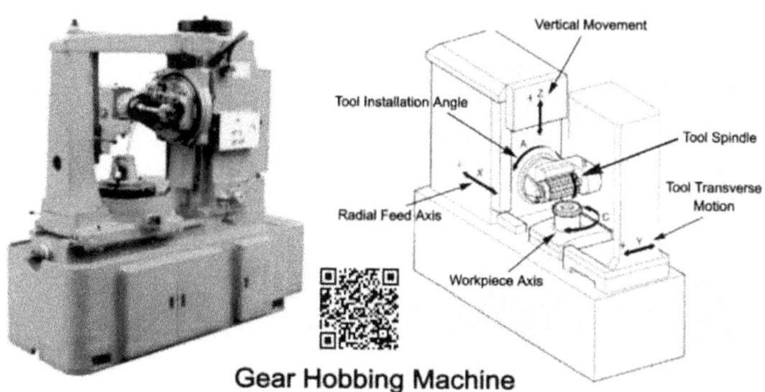

Gear Hobbing Machine

DOUBLE HOUSING PLANER

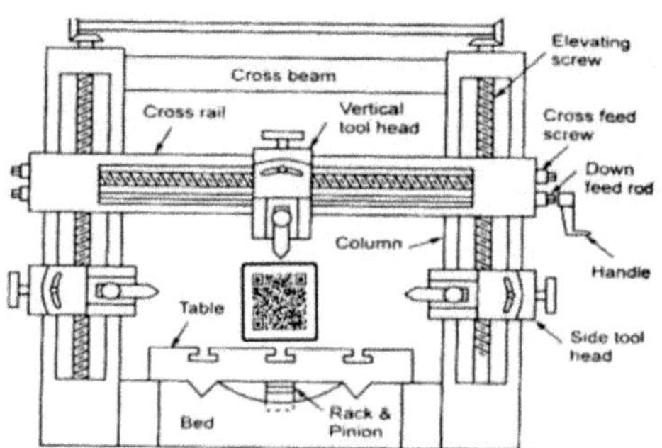

PIT PLANER

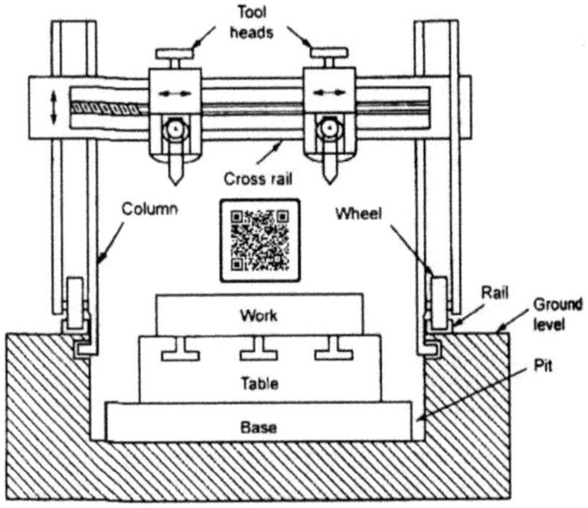

OPEN SIDE PLANER

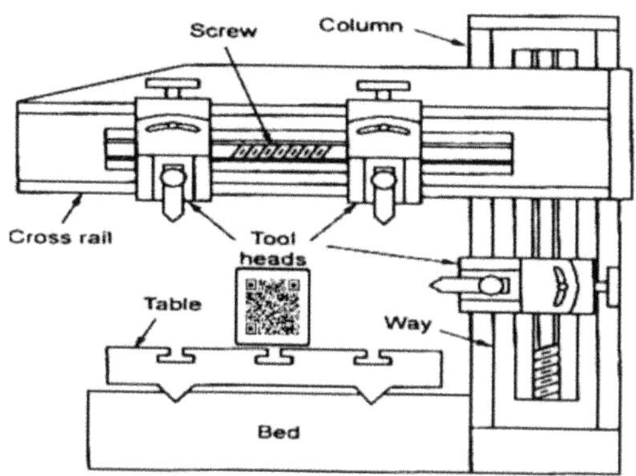

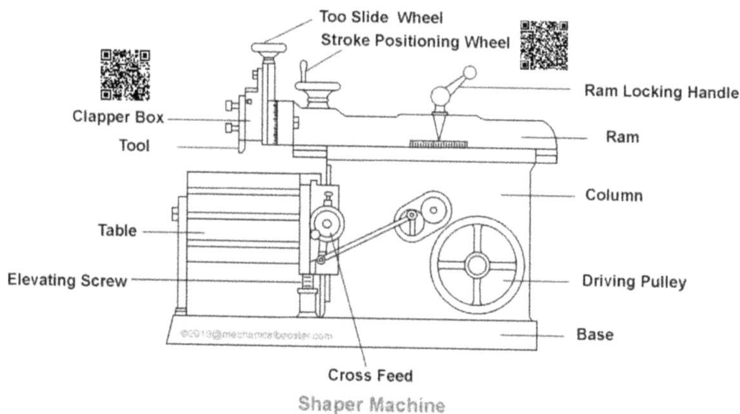

Shaper Machine

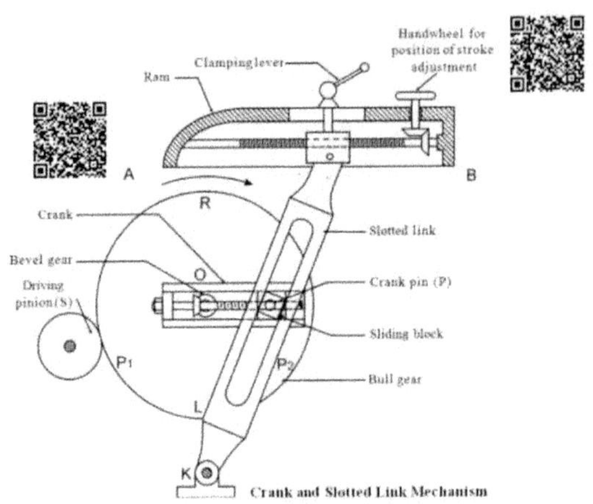

Quick Return Mechanism of Shaper Machine

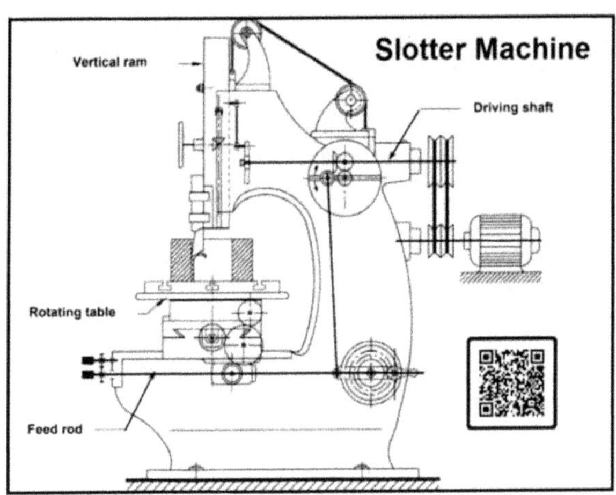

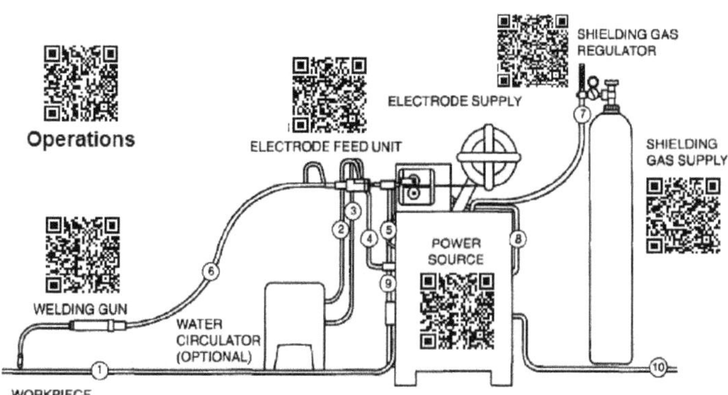

Gas Metal Arc Welding

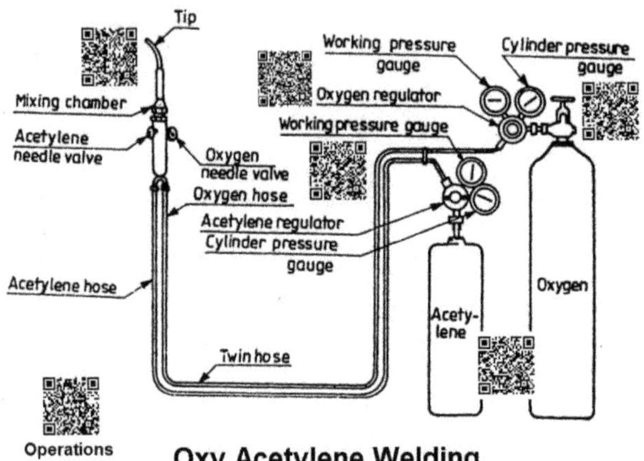

Oxy Acetylene Welding

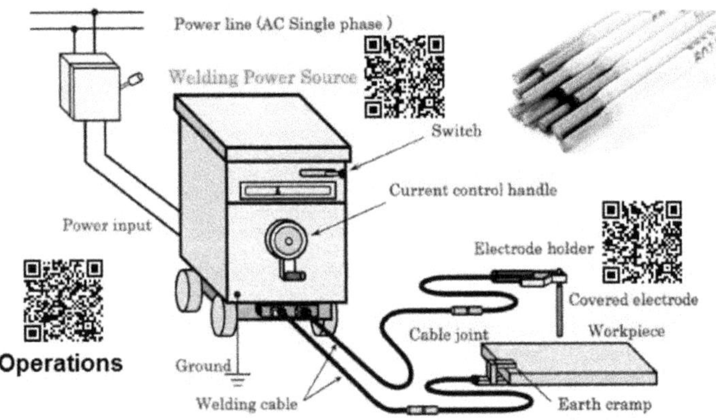

Shielded Metal Arc Welding

2

टूल अँड डाय मेकर TDM प्रथम वर्ष हिंन्दी MCQ

1] रक्तस्राव के मामले में, उपचार करें .

डी] ठंडा 3" और आराम

<u>ए] ठंडेपानीकाछिड़कावकरें</u>

बी] तुरंत पट्टी -----

बी] दुर्घटना विचार उपचार के बारे में पूछताछ

02] दुर्घटना की स्थिति में पीड़ित को

ए] आराम करने के लिए कहा

<u>सी] तुरंतभागलिया</u>

डी] उसे छोड़ दो

03] प्राथमिक रूप से घायल या बीमार व्यक्ति को प्राथमिक उपचार दिया जाता है

ए] जीवन बचाओ

बी] मफ की और गिरावट को रोकें

सी] सर्वोत्तम संभव आराम दें

<u>डी] येसभी</u>

04] बेकार कागज को अलग करने के लिए डिब्बे का रंग कोड है -----

<u>ए] नीलारंग</u>

बी] पीला रंग

सी] लाल रंग

डी] हरा रंग

05] जापानी में Seiko का अर्थ -------------- होता है

<u>ए] शाइन</u>

बी] क्रमबद्ध करें

सी] मानकीकरण

डी] सस्टेनेबल

06] एसएस प्रणाली का लाभ है ------

ए] उत्पादकता में वृद्धि

बी] गुणवत्ता में वृद्धि

सी] समय की बर्बादी में कमी

डी] येसभी

07] सुरक्षा है -----------

ए] किसी का व्यवसाय नहीं

बी] हरबॉडीबिजनेस

सी] कुछ निकायों का व्यवसाय

डी] संगठन व्यवसाय

08] सुरक्षा संकेतों की बुनियादी श्रेणियों के लिए उपलब्ध हैं "निषेध" चिह्न का अर्थ ----

ए] दिखाताहैकियहनहींकियाजानाचाहिए

बी] दिखाता है कि क्या किया जाना चाहिए

सी] खतरे या खतरे की चेतावनी देता है

डी] सुरक्षा प्रावधान की जानकारी देता है

09] कौन सी वर्कशॉप सेफ्टी है?

ए] दुकानकेफर्शकोसाफऔरग्रीस, तेलयाअन्यफिसलनसामग्रीसेमुक्तरखें

बी] गति बदलने से पहले मशीन बंद करो

सी] फटे या चिपके हुए औजारों का प्रयोग न करें

D] चल रही मशीन को हाथ से रोकने की कोशिश न करें

10] पर्सनल प्रोटेक्ट इक्विपमेंट (PPE) में HELMET का उपयोग किया जाता है

ए] सिरकीरक्षाकरें

बी] आंखों की रक्षा करें

सी] हाथों की रक्षा करें

डी] कानों की रक्षा करें

11] निम्नलिखित में से कौन सामान्य सुरक्षा से संबंधित है?

A एक कार्यकर्ता को अच्छे व्यवहार में रखें

बी] काम साफ और स्पष्ट

सी] अपने काम पर ध्यान लगाओ

डी] फर्शऔरगैंगवेकोसाफऔरसाफरखें

12] पीसते समय आंखों की रक्षा के लिए किसका प्रयोग किया जाता है?

ए] गहरा हरा कांच

बी] मुखौटा

सी] धूप का चश्मा

<u>डी] सुरक्षाचश्मा</u>

13] मशीन सुरक्षा के लिए निम्नलिखित में से क्या किया जाता है?

<u>ए] मशीनशुरूकरनेसेपहलेतेलकेस्तरकीजांचकरें</u>

बी] चीजों को व्यवस्थित तरीके से करें

सी] फर्श और गैंगवे को साफ और साफ रखें

डी] डाई और स्कार्फ का प्रयोग न करें

14] पर्सनल प्रोटेक्ट इक्विपमेंट (पीपीई), 'स्लीव्स' का इस्तेमाल ---------- की सुरक्षा के लिए किया जाता है

एक चेहरा

बी] आंखें

सी] कान

<u>डी] हाथ</u>

15] एबीसी का मतलब --------------

ए] स्वचालित श्वास नियंत्रण

बी] स्वचालित रक्त नियंत्रण

<u>सी] वायुमार्गश्वासपरिसंचरण</u>

डी] स्वचालित रक्त परिसंचरण

04] आग और आग बुझाने वाले

fire extinguisher

1 Fire Extingusher

अग्निशामक: आग

16] "कक्षा बी" की आग को बुझाने के लिए किस प्रकार के अग्निशामक यंत्र का प्रयोग किया जाता है?

<u>ए] शुष्कशक्ति</u>

बी] कार्बन डाइऑक्साइड

सी] पानी की जेट

डी] फोम प्रकार

17] सामान्य आग को बुझाने के लिए किस प्रकार के अग्निशामक यंत्र का उपयोग किया जाता है?

ए] जलप्रकारबुझानेवाला

बी] फोम प्रकार बुझाने वाला

सी] शुष्क रासायनिक पाउडर एक्सटिंगुइशर

डी] कार्बन डाइऑक्साइड (C02] बुझाने वाला)

18] एक माइक्रोमीटर (यू) बराबर है

ए] 01 मिमी

बी] 001 मिमी

सी] 0001 मिमी

डी] 00001 मिमी

19] एक स्लॉट की चौड़ाई को मापने के लिए कैलिपर होता है

ए] अजीब पैर कैलिपर

बी] बाहरी कैलिपर

सी] जेनी कैलिपर

डी] कैलिपरकेअंदर

Inside calliper hand tools

कैलिपरस

20] डिवाइडर का आकार ----------- द्वारा निर्दिष्ट किया जाता है

ए] पैरों की कुल लंबाई

बी] पूरी तरह से खुलने पर बिंदुओं के बीच की दूरी

सी] बिना बिंदुओं के पैरों की लंबाई

डी] धुरीऔरबिंदुकेबीचकीदूरी

21] डेटम किनारे के समानांतर समानांतर रेखाओं को चिह्नित करने के लिए इस्तेमाल किया जाने वाला उपकरण है -

ए] जेनीकैलिपर

बी] डिवाइडर
सी] बाहरी कैलिपर
डी] कैलिपर के अंदर
22] निम्नलिखित में से कौन सा एक अप्रत्यक्ष माप उपकरण है?
एं] बाहरीकैलिपर
बी] वर्नियर कैलिपर
सी] स्टील नियम
डी] बाहरी माइक्रोमीटर
23] पतली टयूबिंग काटने के लिए, हैक्सॉ ब्लेड की सबसे उपयुक्त पिच है
ए] 18 मिमी
बी] 14 मिमी
सी] 1 मिमी
डी] 08 मिमी

hacksaw Hacksaw Frame Blade

हक्सॉ फ्रेम

24] ठोस पीतल काटने के लिए, हैकसॉ ब्लेड की सबसे उपयुक्त पिच है
ए] 18 मिमी
बी] 14 मिमी
सी] 1 मिमी
डी] 08 मिमी
25] कुछ स्ट्रोक के बाद एक नया हैक्सॉ ब्लेड किसके कारण ढीला हो जाता है?
ए] ब्लेडकाखिंचाव
बी] विंग-अखरोट के धागे खराब हो रहे हैं
सी] ब्लेड की गलत पिच
डी] आरी के सेट का अनुचित चयन

26] छोटे व्यास के पाइपों को काटते समय यह सलाह दी जाती है कि नियमित रूप से देखें और सुनिश्चित करें कि

ए] कट घुमावदार रेखा के साथ है

बी] अधिकदेखादांतअनुबंधमेंहैं

सी] काम ज़्यादा गरम नहीं है

डी] हैकसॉ का उचित संतुलन बनाए रखा जाता है

27] वाइस क्लैंप का उपयोग किया जाता है

ए] कठोर जबड़े की रक्षा करें

बी] काम के टुकड़ों को सख्ती से जकड़ें

सी] तैयारसतहोंकीरक्षाकरें

डी] जंगम जबड़े को दाखिल होने से रोकें

28] अंकन के दौरान संदर्भ सतह किसके द्वारा प्रदान की जाती है?

ए] भूतल गेज

बी] वर्कपीस

सी] काम का चित्रण

डी] तालिकाकीसतहकोचिह्नितकरना

29] एक इंजीनियर के वाइस का आकार द्वारा निर्दिष्ट किया जाता है

ए] जंगम जबड़े की लंबाई

बी] जबड़ेकीचौड़ाई

सी] वाइस की ऊंचाई

D] जबड़ों का अधिकतम खुलना

30] यूनिवर्सल सरफेस गेज का वह भाग जो एक डेटम एज के साथ समानांतर रेखा खींचने में मदद करता है, वह है

ए] रॉकर आर्म

बी] सुखद

सी] ठीक समायोजन पेंच

डी] गाइडपिन

31] स्क्राइबर से बने होते हैं

ए] माइल्ड स्टील

बी] उच्चकार्बनस्टील

सी] पीतल

डी] कच्चा लोहा

32] हथौड़े का वह भाग जो हथौड़े को ठीक करने के लिए प्रयोग किया जाता है

एक चेहरा

बी] पीन
सी] गाल
डी] आँखकाछेद

hammer Hammers

हथौड़ा

33] अंकन के उद्देश्य के लिए हथौड़े का वजन है
ए] 250g
बी] 500g
सी] 1 किलो
डी] 2 किग्रा
34] डिवाइडर का आकार द्वारा निर्दिष्ट किया जाता है
ए] पैरों की कुल लंबाई
बी] पूरी तरह से खुलने पर बिंदुओं के बीच की दूरी
सी] बिंदुओं के बिना पैरों की लंबाई
डी] धुरीऔरबिंदुकेबीचकीदूरी
35] 'वी' ब्लॉक के खांचे का सम्मिलित कोण हमेशा होता है
ए] 45◦
बी] 60◦
सी] 90◦
डी] 120◦
36] 'वी' ब्लॉक के ग्रेड में उपलब्ध हैं
ए] एऔरबी
बी] ए, बी और सी
सी] 1,2 और 3
डी] 1 और 2
37] ग्रेड 'बी' के 'वी' ब्लॉक के बने होते हैं
ए] कच्चालोहा

बी] हल्के स्टील

सी] स्टील

डी] कास्ट स्टील

38] केंद्र का पता लगाने के लिए इस्तेमाल किए जाने वाले पंच का नाम बताएं

A] प्रिक पंच 30°

B] प्रिक पंच 60°

सी] केंद्रपंच

डी] डॉट पंच

Centre punch 1 Punches

केंद्र पंच

39] सेंटर पंच का पॉइंट एंगल -------- होता है

ए] 30 डिग्री

बी] 50 डिग्री

सी] 900

डी] 1200

40] पंचों का उपयोग किसी भी आकार के ---------- बनाने के लिए किया जाता है

ए] छेद

बी] खनन

सी] नूरलिंग

सपना देखना

41] आम तौर पर वाइस के हैंडल की लंबाई ---------- होती है

ए] वाइस के सामान्य आकार का 15 गुना

बी] वाइसकेसामान्यआकारका 25 गुना

सी] वाइस के सामान्य आकार का 35 गुना

डी] वाइस के सामान्य आकार का 45 गुना

bench vice Bench Vice

बेंच वाइस

42] बेंच वाइस स्पिंडल का बना होता है

<u>ए] माइल्डस्टील</u>

बी] कच्चा लोहा

सी] टूल स्टील

डी] कांस्य

43] फाइलों की उत्तलता मदद करती है

ए] अवतल सतहों को फाइल करने के लिए

बी] उत्तल सतहों को फाइल करने के लिए

सी] <u>कामकेकिनारोंकोगोलकरनेसेरोकनेकेलिए</u>

D] दबाव डालने पर फाइल सीधी हो जाती है

44] लकड़ी, चमड़ा और अन्य नरम सामग्री भरने के लिए किस फाइल का उपयोग किया जाता है?

ए] सिंगल कट फाइल

बी] डबल कट फ़ाइल

<u>सी] रास्पकटफ़ाइल</u>

डी] घुमावदार कट फ़ाइल

45] प्रयुक्त फाइल का प्रयोग ------------ के लिए किया जाता है

ए] काम के टुकड़े की सफाई

सी] फ़ाइल दांतों का नवीनीकरण

<u>बी] फाइलदांतोंकीसफाई</u>

डी] चिप्स की सफाई

46] फाइल कार्ड का उपयोग -------- के लिए किया जाता है

ए] काम के टुकड़े को साफ करें

सी] फ़ाइल दांत नवीनीकृत करें

<u>बी] फाइलदांतसाफकरें</u>

47] स्क्राइबर का बिंदु कोण ----------- है

ए] 30 डिग्री

बी] 60 डिग्री

सी] 5° से 10°

डी] 12° से 15°

48] कच्चा लोहा काटने के लिए काटने का कोण है

ए] 375◦

बी] 55◦

सी] 60◦

डी] 90◦

49] छेनी सामग्री में खोदेगी जब

ए] रेक कोण अधिक है

बी] निकासी कोण बहुत कम है

सी] झुकावकाकोणअधिकहै

डी] झुकाव का कोण बहुत कम है

50] अत्याधुनिक को थोड़ा उत्तलता दी गई है

ए] घुमावदार सतहों को काटें

बी] तेज कोनों को काटें

सी] सिरोंकीखुदाईरोकें

डी] स्नेहक को प्रवेश करने दें

51] सतह की प्लेटें से बनी होती हैं

ए] उच्च ग्रेड कास्ट स्टील

बी] महीनदानेवालाकच्चालोहा

सी] मिश्र धातु स्टील्स

डी] गढ़ा लोहा

52] वर्नियर कैलिपर की सबसे छोटी संख्या है (मुख्य पैमाना = 49 डिवीजन, वर्नियर स्केल = 50 डिवीजन]

ए] 0.1 मिमी

बी] 0.01 मिमी

सी] 0 .001 मिमी

डी] 0.02 मिमी

53] वर्नियर कैलिपर का उपयोग करके किए गए माप का प्रकार है --------

ए] प्रत्यक्ष माप

बी] अप्रत्यक्षमाप

सी] 90"] (ए) 81 (बी]
डी] इनमें से कोई नहीं
54] माइक्रोमीटर के बाहर एक मीट्रिक की शुद्धता या कम से कम गिनती ---- है
ए] 0-1 मिमी
बी] 0.01 मिमी
सी] 0.001 मिमी
डी] 0.02 मिमी
55] 1000 माइक्रोन का अर्थ है -----
ए] 1 मिमी
बी] 1 एम
सी] 1000 मिमी
डी] 10 सेमी
56] एक मीट्रिक माइक्रोमीटर में, थिम्बल अग्रिमों की एक पूर्ण क्रांति -----------
ए] 0.01 मिमी
बी] 0.25 मिमी
सी] 0.50 मिमी
डी] 100 मिमी
57] माइक्रोमीटर में शाफ़्ट स्टॉप ----------में मदद करता है
ए] दबावकोनियंत्रितकरें
बी] स्पिंडल को लॉक करें
सी] शून्य त्रुटि समायोजित करें
डी] काम के टुकड़े को पकड़ो
58] 1000 माइक्रोन का मतलब -------------
ए] 1 मिमी
बी] 1 एम
सी] 1000 मिमी
डी] 10 सेमी
59] माइक्रोमीटर के बाहर 50-75 मिमी की शून्य रीडिंग क्या है?
ए] 0000 मिमी
बी] 001 मिमी
सी] 2500 मिमी
डी] 5000 मिमी

micrometer2 Out Side Micrometer

माइक्रोमीटर

60] माइक्रोमीटर के बाहर एक मीट्रिक की आस्तीन पर सबसे छोटे विभाजन का मान है -----

ए] 050 मिमी

बी] 100 मिमी

सी] 150 मिमी

डी] 200 मिमी

61] माइक्रोमीटर में शाफ़्ट स्टॉप ---------- में मदद करता है

ए] दबावकोनियंत्रितकरें

बी] स्पिंडल को लॉक करें

सी] शून्य त्रुटि समायोजित करें

डी] काम के टुकड़े को पकड़ो

62] मीट्रिक प्रणाली में वर्नियर हाइट गेज की न्यूनतम गणना है

ए] 0.05 मिमी

बी] 0.1 मिमी

सी] 0.02 मिमी

डी] 0.001 मिमी

63] ब्रिटिश प्रणाली में वर्नियर हाइट गेज की सबसे छोटी गिनती है

ए] 0.05"

बी] 0.001”

सी] 0.002”

डी] 1”

vernier
height
gauge 3 Vernier Height Gauge

वर्नियर हाइट गेज

64] अंकन के प्रयोजनों के लिए, एक वर्नियर ऊंचाई गेज का उपयोग किया जाना चाहिए

ए] मशीन टूल का बिस्तर

बी] सतहप्लेट

सी] स्क्वायर ब्लॉक

डी] कोई भी सपाट सतह

65] वर्नियर हाइट गेज की रीडिंग a . के समान होती है

ए] वर्नियरकैलिपर

बी] गहराई माइक्रोमीटर

सी] डायल टेस्ट इंडिकेटर

डी] गेज

66] वर्नियर हाइट गेज के बीम पर स्लाइड करने वाले भाग को a . के रूप में जाना जाता है

ए] आधार

बी] बीम स्केल

सी] लेखक

डी] वर्नियरस्लाइड

67] वर्नियर हाइट गेज का आकार किसके द्वारा निर्दिष्ट किया जाता है?

ए] वर्नियर स्केल की ऊंचाई

बी] बीमकीऊंचाई

सी] बीम की चौड़ाई

डी] आधार का आकार

68] वर्नियर हाइट गेज का आधार सामान्यतः किसका बना होता है?

ए] कच्चा लोहा

बी] स्टील

सी] एल्यूमीनियम मिश्र धातु

डी] टंगस्टन कार्बाइड

69] वर्नियर बेवल प्रोट्रैक्टर की न्यूनतम संख्या है

ए] 1”

बी] 5‘

सी] 1◦

डी] 5

vernier bevel protractor 3

Vernier Bevel Protractor

वर्नियर बेवल प्रोट्रैक्टर

70] वर्नियर बेवल प्रोट्रैक्टर का वह भाग जो आमतौर पर कोणों को मापने के लिए संदर्भ आधार के रूप में उपयोग किया जाता है, है

एक ब्लेड

बी] स्टॉक

सी] डिस्क

सी] मुख्य पैमाने

71] वर्नियर बेवल प्रोटेक्टर का वह भाग जिस पर मुख्य पैमाने पर विभाजन अंकित होते हैं, वह है

स्टॉक

बी] डायल

सी] डिस्क

डी] समायोज्य ब्लेड

72] बेवल प्रोट्रैक्टर का वह भाग, जो मापते समय झुकी हुई सतह के संपर्क में आता है, है

ए] ब्लेड

बी] स्टॉक

सी] डिस्क

डी] डायल

73] वर्नियर बेवल प्रोट्रैक्टर के मुख्य पैमाने के प्रत्येक भाग का मान है

ए] 5’

बी] 1◦

सी] 5◦

डी]10◦

74] बेवल प्रोट्रैक्टर के वर्नियर स्केल के प्रत्येक भाग का मान होता है

ए] 1◦

बी] 1◦5‘

सी] 1◦55’

डी] 5‘

75] निम्नलिखित में से कौन संयोजन सेट का हिस्सा नहीं है?

स्टॉक

बी] स्क्वायर हेड

सी] प्रोट्रैक्टर हेड

डी] केंद्र प्रमुख

76] पेडस्टल ग्राइंडर के कार्य में शामिल हैं ---------

ए] काटने के उपकरण को तेज करना

बी] रफ पीस

सी] दोनों (ए] और (बी)

डी] इनमें से कोई नहीं

77] पेडस्टल ग्राइंडर के दो पहियों के लिए प्रयुक्त अपघर्षक के प्रकार हैं-

ए] मोटे और मोटे प्रकार

बी] ठीक और ठीक प्रकार

सी] मोटेऔरठीक

डी] इनमें से कोई नहीं

78] ड्रेसर द्वारा ग्राइंडिंग व्हील को आकार देने का संचालन?

ए] ड्रेसिंग

बी] ट्रूइंग

सी] क्लॉगिंग

डी] ग्लेज़िंग

79] ग्राइंडिंग व्हील की ड्रेसिंग और ट्रूइंग -------- हैं

ए] बिल्कुल वही ऑपरेशन

बी] एकहीसमीकरणकेसाथक्लोन

सी] केवल मोटे पीसने वाले पहिये के लिए किया जाता है

डी] केवल फॉर्म पीसने के लिए

80] पसलियों को कोण प्लेट के बिना मशीनी हिस्से पर दिया जाता है

ए] आसान हैंडलिंग

बी] निर्माण में सुविधा

सी] मशीनों पर सेट करते समय क्लैंपिंग

डी] <u>कठोरताऔरविरूपणकोरोकनेकेलिए</u>

81] कोण प्लेट पर स्लॉट के लिए दिए गए हैं

ए] वजन कम करना

बी] काम को संरेखित करना

सी] हुक का उपयोग करके उठाना

डी] <u>बोल्टकोसमायोजितकरना</u>

82] कोण प्लेटों का आकार द्वारा बताया गया है

भार

बी] लंबाई

सी] लंबाई x चौड़ाई

डी] <u>आकारसंख्या</u>

83] टेंपर शैंक ड्रिल मशीन पर किसके माध्यम से आयोजित की जाती है?

ए] चक्स

<u>बी] आस्तीन</u>

सी] बहाव

डी] वाइस

84] ड्रिल चक ड्रिलिंग मशीन स्पिंडल पर a . के माध्यम से फिट किए जाते हैं

ए] घुमावदार अंगूठी

<u>बी] आर्बोर</u>

सी] बहाव

डी] पिनियन और कुंजी

85] अभ्यास पर प्रदान किया गया मोर्स टेपर के बीच होता है

ए] <u>एमटी 1 सेएमटी 5</u>

बी] मीट्रिक टन 1 से मीट्रिक टन 4

सी] एमटी 0 से एमटी 5

डी] एमटी 0 से एमटी 4

86] एक बहाव का प्रयोग किया जाता है

ए] एक ड्रिल स्थान बनाना

बी] मशीन स्पिंडल पर चक फिक्सिंग

C] टूटी हुई ड्रिल को काम से हटाना

डी] मशीनस्पिंडलसेड्रिलकोहटाना

87] जब ड्रिल का टेंपर शैंक मशीन स्पिंडल से बड़ा होता है, तो ड्रिल को होल्ड करने का उपकरण होता है a

ए] ड्रिल आस्तीन

बी] टेपरसॉकेट

सी] ड्रिल बहाव

डी] चक और कुंजी

88] एक ड्रिलिंग मशीन में माइल्ड स्टील की ड्रिलिंग के लिए उपयुक्त कटिंग फ्लुइड है

ए] सिंथेटिक घुलनशील तेल

बी] साफ तेल

सी] आसुत जल

डी] घुलनशीलतेल

89] रेडियल ड्रिलिंग मशीन की एक विशेष विशेषता है

ए] इसका उपयोग एचएसएस ड्रिल के साथ ड्रिलिंग के लिए किया जा सकता है

बी] तालिका को किसी भी स्थिति में स्थानांतरित और सेट किया जा सकता है

सी] विभिन्न प्रकार की गति उपलब्ध है

डी] धुरीकोकिसीभीस्थितिमेंलायाजासकताहै

90] अभ्यास का बिंदु कोण निर्भर करता है

ए] ड्रिल का आकार

बी] मशीन का प्रकार

सी] कामकीसामग्री

डी] ड्रिल का आरपीएम

91] एक मानक ड्रिल के लिए बिंदु कोण है

ए] 60◦

बी] 108◦

सी] 118◦

डी] 135◦

92] पेचदार कोण निर्धारित करता है

ए] कटिंग एंगल

बी] कोण चबाना

सी] रेककोण

डी] होंठ कोण

93] ड्रिल का निकासी कोण के बीच है

ए] 3◦ से 5◦

बी] 8◦ से 12◦

सी] 12◦ से 20◦

डी] 15◦ से 20◦

94] एक दूरस्थ स्थान में (बिजली उपलब्ध नहीं है) एक रेल ट्रैक को ड्रिल किया जाना है सही ड्रिलिंग मशीन चुनें

ए] रेडियल ड्रिलिंग मशीन

बी] स्तंभ ड्रिलिंग मशीन

सी] शाफ़्टड्रिलिंगमशीन

डी] संवेदनशील ड्रिलिंग मशीन

drilling drilling machine

ड्रिलिंग

95] एक बढ़ई द्वारा कैबिनेट बनाने के लिए उपयोग की जाने वाली ड्रिलिंग मशीन है a

ए] शाफ़्ट ड्रिलिंग मशीन

बी] रेडियल ड्रिलिंग मशीन

सी] ब्रेस्टड्रिलिंगमशीन

डी] संवेदनशील ड्रिलिंग मशीन

96] निम्नलिखित में से कौन सी ड्रिलिंग मशीन का उपयोग ड्रिलिंग छेद के लिए किया जाता है जहां बिजली उपलब्ध नहीं होती है?

ए] बेंच ड्रिलिंग मशीन

बी] स्तंभ ड्रिलिंग मशीन

सी] रीडायल ड्रिलिंग मशीन

डी] शाफ़्टड्रिलिंगमशीन

97] निम्नलिखित में से किस ड्रिलिंग मशीन का उपयोग भारी काम के लिए किया जाता है?

ए] बेंच ड्रिलिंग मशीन

बी] स्तंभ ड्रिलिंग मशीन

<u>सी] रेडियलड्रिलिंगमशीन</u>

डी] इलेक्ट्रिक हैंड ड्रिलिंग मशीन

98] ड्रिल चक को मशीन स्पिंडल पर ------ के माध्यम से रखा जाता है

<u>ए] आर्बर</u>

बी] बहाव

सी] ड्रा-इन बार

डी] चक अखरोट

99] एक संवेदनशील बेंच ड्रिलिंग मशीन में विभिन्न गतियां प्राप्त की जाती हैं ----

<u>ए] बेल्टचरखीतंत्र</u>

बी] हाइड्रोलिक तंत्र

सी] रैक और पिनियन तंत्र

डी] कैम और अनुयायी तंत्र

100] टैप को पीसकर फिर से तेज किया जाता है -----

<u>ए] हट्स</u>

बी] धागे

सी] व्यास

डी] राहत

101] एम 10 x 15 के लिए टैपिंग ड्रिल का आकार ---------- है

ए] 82

बी] 83

सी] 84

<u>डी] 85</u>

102] M10XIS के स्क्रू के लिए एक नट बनाना है ड्रिल किए गए छेद का आकार क्या होना चाहिए?

<u>ए] 8-5 मिमी</u>

बी] 90 मिमी

सी] 95 मिमी

डी] 100 मिमी

103] एक डाई जिसमें एक स्ट्रोक में एक से अधिक कटिंग ऑपरेशन बनते हैं

ए] पियर्सिंग डाई

बी] प्रोग्रेसिव डाई

C] कॉम्बिनेशन डाई

डी] <u>कंपाउंड डाई</u>

tap and die1 Tap Die

मरो टैप करें

104] एक डाई जिसमें प्रति स्ट्रोक कटिंग और नॉन कटिंग ऑपरेशन किए जाते हैं

ए] पियर्सिंग डाई

बी] प्रोग्रेसिव डाई

C] <u>कॉम्बिनेशन डाई</u>

डी] कंपाउंड डाई

105] एक डाई जिसमें दो या दो से अधिक स्टेशनों पर दो या दो से अधिक अनुक्रमिक ऑपरेशन किए जाते हैं

ए] पियर्सिंग डाई

बी] <u>प्रोग्रेसिव डाई</u>

C] कॉम्बिनेशन डाई

डी] कंपाउंड डाई

106] एक डाई जिसमें पंच और डाई का आकार सीधे धातु में कम या बिना धातु प्रवाह के पुन: उत्पन्न होता है

ए] प्रोग्रेसिव डाई

बी] संयोजन मरो

C] कंपाउंड डाई

डी] <u>मरने का गठन</u>

107] किसी भी आकार के छेद बनाने के लिए इस्तेमाल किया जाने वाला डाई

ए] <u>पियर्सिंग डाई</u>

बी] प्रोग्रेसिव डाई

C] कॉम्बिनेशन डाई

डी] कंपाउंड डाई

108] एक छोटा रिएमर जिसमें एक आर्बर या मैंड्रेल के साथ प्रयोग किया जाता है एक अक्षीय छेद के साथ ------- कहा जाता है

ए] समानांतर रीमर

बी] एडजस्टेबल रीमर

C] एक्सपेंशन रीमर

डी] चकिंगरीमर

reamer 1 Reamers

बांट

109] निम्नलिखित में से किस मशीन रीमर का उपयोग रीमर एक्सिस और वर्क एक्सिस के बीच मिसलिग्न्मेंट को ठीक करने के लिए किया जाता है?

ए] फ्लोटिंगब्लेडरीमर

बी] मशीन जिग रीमर

सी] शैल रीमर

डी] चकिंग रीमर

110] सॉकेट स्क्रू हेड को समायोजित करने के लिए छेद के सिरे को बड़ा करने की प्रक्रिया है

ए] रीमिंग

बी] स्पॉट फेसिंग

सी] काउंटरबोरिंग

111] स्पॉट फेसिंग ऑपरेशन के लिए इस्तेमाल किया जाने वाला उपयुक्त उपकरण है

ए] रीमर

बी] काउंटर सिंक

सी] फ्लाईकटर

डी] खराद उपकरण

112] एचएसएस टूल्स के साथ एल्यूमीनियम के लिए काटने की गति है

ए] 30 मीटर/मिनट

बी] 50 मीटर/मिनट

सी] 70 मीटर/मिनट

डी] 130 मीटर/मिनट

113] एचएसएस उपकरण के साथ पीतल के लिए काटने की गति है

ए] 10 मीटर/मिनट

बी] 25 मीटर/मिनट

सी] 70 मीटर/मिनट

डी] 140 मीटर/मिनट

114] मशीनिंग के दौरान किसी उपकरण की अत्याधुनिक सामग्री सामग्री के ऊपर से गुजरने वाली दूरी को इस प्रकार जानें

ए] आरपीएम

बी] फ़ीड

सी] मशीन की गति

डी] काटनेकीगति

115] वर्कपीस पर शीतलक का उपयोग करके हम चुन सकते हैं

ए] उच्चकाटनेकीगति

बी] लोअर कटिंग फीड

सी] कम काटने की गति

डी] कटौती की भारी गहराई

116] एम24 x 3 मिमी आंतरिक धागे के लिए कट की गहराई है

ए] 05412 x 3

बी] 06134 x 3

सी] 05 x 3

डी] 07 x 3

117] मीट्रिक स्क्वायर थ्रेडिंग के लिए कट की गहराई है

ए] 06 एक्स पी

बी] 05 एक्सपी

सी] 05412 एक्स पी

डी] 06412 एक्स पी

thread2 screw threads

धागा

118] बट्रेस धागे को काटने के लिए, कट की गहराई है

ए] 05412 एक्स पी

बी] 06 एक्सपी

सी] 07 एक्स पी

डी] 075 एक्स पी

119] डायल टेस्ट इंडिकेटर माप को इस प्रकार दिखाता है:

ए] घटक का वास्तविक आकार

बी] 5 मिमी . के दो चरणों के बीच का अंतर

सी] एकसूचककेमाध्यमसेआकारमेंआवर्धितछोटेबदलाव

डी] आयाम का सीधा पठन

120] वी-ब्लॉक और डायल इंडिकेटर विधि का उपयोग को मापने के लिए किया जाता है

ए] वर्कपीस ग्राउंड की लंबाई

बी] वर्कपीसकीसतहकीगोलाई

सी] सतह की समतलता

डी] धागे की पिच

121] डायल टेस्ट इंडिकेटर के बारे में निम्नलिखित में से कौन सा सही नहीं है?

ए] इसके डायल पर 100 डिवीजन हैं

बी] स्टेम की गति गियर ट्रेन के माध्यम से डायल में स्थानांतरित हो जाती है

सी] इसकीसटीकता 01 मिमी . है

dial test indicator 1 Dial Guage

डायलटेस्टइंडिकेटर

122] टेनन स्लॉट आर्बर शोल्डर पर दिए गए हैं

ए] किसी भी स्थिति में कटर और आर्बर के बीच चाबी डालने की सुविधा के लिए '

बी] आर्बर को सकारात्मक बिजली संचरण की सुविधा के लिए

सी] 'अर्जरोंऔरमशीनोंकीअदला-बदलीकीसुविधा' केलिए

डी] काटने की क्रिया के दौरान आर्बर नट को ढीला होने से बचाने के लिए]

123] सीमा और फिट की बीआईएस प्रणाली में, सहिष्णुता के ग्रेड को संख्या प्रतीकों द्वारा दर्शाया जाता है और ---------- i होते हैं।

ए] सहिष्णुता के 14 ग्रेड

बी] सहिष्णुता के 16 ग्रेड

सी] सहिष्णुताके 18 ग्रेड '

डी] सहिष्णुता के 20 ग्रेड

limit fit tolarance 1

limit fit tolerance

सीमा फिट सहिष्णुता

124] एक उत्पाद को गुणवत्ता वाला कहा जाता है जब

ए] इसका आकार और आयाम सीमा के भीतर हैं

<u>बी] यहउपयोगकेलिएउपयुक्तहै</u>

सी] यह बहुत अच्छा प्रतीत होता है

डी] सामग्री का चुनाव सही है

125] होल'30 +0021, 0000 और शाफ्ट 30 -0110, 0143 के बीच आवश्यक अधिकतम निकासी है

ए] 0110 मिमी '

बी]0131 मिमी

<u>सी] 0164 मिमी</u>

डी] 0143 मिमी

126] एक ड्राइंग में एक आयाम 25 1002 मिमी के रूप में कहा गया है सहनशीलता क्या है?

ए] +002 मिमी'

<u>बी] +004 मिमी</u>

सी] -002 मिमी

डी] 2500 मिमी

127] एक छेद में एक पिन लगाया जाता है पिन का सहिष्णुता क्षेत्र छेद के पूरी तरह से ऊपर होता है, प्राप्त फिट होगा?

ए] क्लीयरेंस फिट

बी] संक्रमण फिट

<u>सी] हस्तक्षेपफिट</u>

डी] रनिंग फिट

128] भाग के आकार को सहनशीलता दी जाती है

<u>ए] आवश्यकअनुमेयआकारत्रुटिकेभीतरभागकाउत्पादन</u>

बी] उत्पादन बढ़ाएँ

सी] उत्पादन घटाएं

डी] घटकों को लगभग समाप्त करें

129] निम्नलिखित में से कौन सा क्लीयरेंस संपूर्ण बुनियादी प्रणाली के अंतर्गत फिट बैठता है?

ए] 20 एच7/पी6‘

बी] 2067/211

सी] ज़ोग / जीएल

<u>डी] 20 एच / जी 11</u>

130] बीआईएस प्रणाली के अनुसार फिट के तीन वर्ग हैं

<u>ए] क्लीयरेंसफिट, इंटरफेरेंसफिटऔरट्रांजिशनफिट</u>

बी] मध्यम फिट, पुश फिट और टाइट फिट

सी] फ्लैट फिट, गोल फिट और स्क्वायर फिट

डी] ’स्लाइडिंग फिट‘, लूज फिट और सिकुड़न फिट

131] निम्नलिखित में से किस सहिष्णुता विनिर्देश का अधिकतम आयाम 20 मिमी से कम है?

ए] 20 +02,-03

बी] 20 3202

<u>सी] 20 -02, 03 ई</u>

डी] एम 20 +500, ~ 03

132] अधिकतम और न्यूनतम सीमा के बीच अंतर है ------------------------

ए] एकल मुखबिर

बी] मूल शाफ्ट

सी] निकासी

<u>डी] सहिष्णुता</u>

133] झाड़ी में स्वतंत्र रूप से चलने वाला 55 शाफ्ट फिट के प्रकार का होता है

ए] क्लीयरेंस फिट

बी] ड्राइविंग प्लेट

<u>सी] संकोचनफिट</u>

डी] उपरोक्त में से कोई नहीं

134] बड़ी सपाट सतहों को खुरचने के लिए उपयोग किया जाता है

ए] <u>बैल-नाक खुरचनी</u>

बी] तीन वर्ग

सी] आधा गोल खुरचनी

डी] उपरोक्त में से कोई नहीं

135] छोटे खुरचनी व्यास के छिद्रों को खुरचने और छिद्रों को हटाने के लिए उपयोग किया जाता है

ए] बैल-नाक खुरचनी

बी] <u>तीन वर्ग</u>

सी] आधा गोल खुरचनी

डी] उपरोक्त में से कोई नहीं

136] असर वाली सतहों को खुरचने के लिए उपयोग किया जाता है जो न तो बहुत बड़ी होती हैं और न ही बहुत छोटी होती हैं

ए] बैल-नाक खुरचनी

बी]तीन वर्ग

सी] <u>आधा गोल खुरचनी</u>

डी] उपरोक्त में से कोई नहीं

137] बड़े व्यास के छिद्रों को खुरचने के लिए प्रयुक्त होता है

ए] <u>बैल-नाक खुरचनी</u>

बी] तीन वर्ग

सी] आधा गोल खुरचनी

डी] उपरोक्त में से कोई नहीं

138] गन मेटल तांबे की मिश्रधातु है, ------------

<u>ए] टिनऔरजस्ता</u>

बी] सीसा और जस्ता

सी] जिंक और निकल

डी] सीसा और निकल

139] ढलवां लोहे का उपयोग मशीन बेड के निर्माण के लिए किया जाता है क्योंकि -------

<u>ए] यहअधिकसंपीड़नतनावकाविरोधकरसकताहै</u>

बी] यह वजन में भारी है

C] यह सस्ती धातु है

D] यह एक भंगुर धातु है

140] निम्न में से कौन-सा एक धातु का लोचदार विरूपण के लिए प्रतिरोध है?

ए] लचीलापन

बी] ताकत

<u>सी] कठोरता</u>

डी] कठोरता

141] आवश्यक गुण प्राप्त करने के लिए स्टील की संरचना को बदलने के लिए हीटिंग और कूलिंग की प्रक्रिया को कहा जाता है

ए] हार्डनिंग

<u>बी] सामान्यीकरण</u>

सी] गर्मी उपचार

डी] तड़के

142] एनीलिंग का मुख्य उद्देश्य है

ए] कठोरता बढ़ाएं

बी] कठोरता बढ़ाएँ

<u>सी] मशीनेबिलिटीमेंसुधार</u>

डी] विरूपण में सुधार

143] स्टील को सामान्य बनाने का उद्देश्य है -----------

<u>ए] प्रेरिततनावकोदूरकरें</u>

बी] जीन में सुधार और भंगुरता को कम करें

सी] धातु को नरम करें

डी] सतह बढ़ाएँ?

144] बाहरी 5" एनीलिंग . को सख्त करने के लिए निम्नलिखित में से किस प्रक्रिया का उपयोग किया जाता है?

ए] हार्डनिंग

बी] तड़के

<u>सी] केसहार्डनिंग</u>

डी] आंसू सतह

145] कठोर और डक्ट II कोर और हार्ड के साथ एक घटक के उत्पादन के उद्देश्य के रूप में जाना जाता है

ए] हार्डनिंग

<u>बी] केससख्त</u>

सी] तड़के

डी] एनीलिंग

146] सख्त होने पर उच्च कार्बन स्टील का कम महत्वपूर्ण तापमान ---------- होता है

ए] 9600C

बी] 900 डिग्री सेल्सियस

<u>सी] 7230 सी</u>

डी] 56O सी

147] संरचना को बदलने की प्रक्रिया और इस प्रकार हीटिंग और 'कूलिंग' द्वारा गुणों को बदलने के रूप में जाना जाता है -

<u>ए] हीटट्रीटमेंट</u>

बी] मिश्र धातु

सी] तड़के

डी] इनमें से कोई नहीं

148] अनाज की संरचना को परिष्कृत करने के लिए निम्नलिखित में से किस ऊष्मा उपचार प्रक्रिया को अपनाया जाता है

ए] एनीलिंग

बी] हार्डनिंग

सी] तड़के

<u>डी] सामान्यीकरण</u>

149] एनीलिंग लोहे और स्टील पर की जाती है ---------

ए] आंतरिक तनाव को दूर करने के लिए

बी] कठोरता को कम करने के लिए

सी] मशीनेबिलिटी में सुधार करने के लिए

<u>डी] येसभी</u>

150] निम्नलिखित में से कौन-सा एक ऊष्मा उपचार के चरणों में नहीं आता है?

ए] ताप

<u>बी] सफाई</u>

सी] शमन

डी] भिगोना

20] धातु 02

151] गन मेटल तांबे की मिश्रधातु है, ------------

<u>ए] टिनऔरजस्ता</u>

बी] सीसा और जस्ता

सी] जिंक और निकल

डी] सीसा और निकल

152] गटर बनाने के लिए, छत की चमक, हुड आदि के लिए

ए] जस्ती लोहा

बी] स्टेनलेस स्टील
सी] कॉपर शीट
डी] धातु की चादरें
153] डेयरियों में खाद्य प्रसंस्करण, रसोई के बर्तन आदि
ए] जस्ती लोहा
बी] स्टेनलेस स्टील
सी] कॉपर शीट
डी] धातु की चादरें
154] बाल्टी, हीटिंग नलिकाएं, अलमारियाँ आदि बनाने के लिए
ए] जस्ती लोहा
बी] स्टेनलेस स्टील
सी] कॉपर शीट
डी] धातु की चादरें
155] कैनरी और रासायनिक संयंत्रों में धातु की चादरें
ए] जस्ती लोहा
बी] स्टेनलेस स्टील
सी] कॉपर शीट
डी] धातु की चादरें
156] मिश्र धातु इस्पात, अच्छा संक्षारक प्रतिरोध और आसानी से वेल्ड
ए] काला लोहा
बी] जस्ती लोहा
सी] स्टेनलेस स्टील
डी] एल्यूमिनियम
157] सबसे सस्ता, किसी भी वांछित मोटाई में लुढ़काया जा सकता है
ए] काला लोहा
बी] जस्ती लोहा
सी] स्टेनलेस स्टील
डी] एल्यूमिनियम
158] जंग के खिलाफ चमकदार चांदी की उपस्थिति का प्रतिरोध करता है
ए] काला लोहा
बी] जस्ती लोहा
सी] स्टेनलेस स्टील
डी] एल्यूमिनियम
159] तेजी से काले रंग की उपस्थिति को खराब करता है

ए] <u>काला लोहा</u>
बी] जस्ती लोहा
सी] स्टेनलेस स्टील
डी] एल्यूमिनियम
160] लेथ चक को माउंट करने के लिए
ए] इसे हाथ से शुरू करें और फिर बिजली चालू करें
बी] इसे शक्ति द्वारा माउंट करें
सी] <u>इसेहाथसेमाउंटकरें</u>
D] हथौड़े की सहायता से इसे माउंट करें

lathe chuck Lathe Chuck

खराद चक

161] निर्माण के अनुसार खराद कितने प्रकार के होते हैं?
दो
बी] तीन
<u>सी] चार</u>
डी] पांच
162] सेंटर लेथ कितने प्रकार के होते हैं?
दो
बी] तीन
सी] चार
<u>डी] पांच</u>
163] खराद कितने प्रकार का उत्पादन करता है?
ए] <u>दो</u>
बी] तीन
सी] चार
डी] पांच
164] रोलर लेथ किस प्रकार का खराद है?

ए] बेंच खराद

<u>बी] विशेषखराद</u>

सी] उत्पादन खराद

डी] केंद्र खराद

lathe lathe machine

LATHE मशीन

165] बड़े पैमाने पर उत्पादन के लिए किस मशीन का उपयोग किया जाता है?

ए] केंद्र खराद

<u>बी] उत्पादनखराद</u>

सी] विशेष खराद

डी] इंजन खराद

166] अधिक सटीक कार्य के लिए किस खराद का उपयोग किया जाता है?

ए] केंद्र खराद

बी] विशेष खराद

सी] उत्पादन खराद

<u>डी] टूलरूमलेथ</u>

167] टूल रूम लेथ की सटीकता है] से कंपेयर सेंटर लेथ]

(एक कम

<u>(बी) अधिक</u>

(सी) बहुत कम

(डी) समान

168] लोकोमोटिव में एक्सल के साथ असेंबल व्हील खराद को चालू कर रहा है

(ए) केंद्र खराद

(बी) टूल रूम लेथ

<u>(सी) व्हील लेथ</u>

(डी) गैप बेड लेथ

169] ढलवां लोहे का उपयोग मशीन बेड बनाने के लिए किया जाता है क्योंकि -------

ए] यहअधिकसंपीड़नतनावकाविरोधकरसकताहै

बी] यह वजन में भारी है

C] यह सस्ती धातु है

D] यह एक भंगुर धातु है

170] निम्नलिखित में से कौन सा ऑपरेशन सेंटर लेथ पर नहीं किया जा सकता है?]

ए] टर्निंग

बी] धागा काटना

सी] गियरकाटना

डी] टेपर टर्निंग

171] MS] जॉब चालू करते समय कटिंग टूल और सामग्री से किस प्रकार के अच्छे चिप्स उत्पन्न होते हैं?

ए] सर्पिल चिप्स

बी] सर्कुलर चिप्स

सी] लंबेचिप्स

डी] सीधे और लंबे चिप्स

172] सीमेंटेड कार्बाइड सामग्री है...?

ए] लौह धातु

बी] अलौहधातु

सी] मिश्र धातु इस्पात

डी] अलौह मिश्र धातु

173] मैंड्रेल का उपयोग आम तौर पर तब किया जाता है जब मशीनिंग के साथ

ए] भारी कटौती

बी] शॉर्टफेसिंगकट्स

सी] प्रकाश कटौती

डी] उबाऊ उपकरण

174] कार्बाइड टिप टूल के लिए हार्ड मटेरियल को चालू करने के लिए इसमें... एकेंशियल है?

ए] साइड रेक कोण

बी] शून्य रेक कोण

सी] सकारात्मक रेक कोण

D] ऋणात्मकरेककोण

175] ....] और ....] आकार का कार्य मोड़ में बदल रहा है?

ए] सादा और वी] आकार

बी] स्क्वायर और राउंड

सी] <u>अवतलऔरउत्तल</u>

डी] वी एंड राउंड

176] मशीन के फॉर्म टर्निंग से कौन सा हिस्सा बनता है?

ए] बेस

बी] बेड

सी] कैरेज

डी] <u>हैंडल</u>

177] इस उद्देश्य के लिए किया गया फॉर्म टर्निंग...?

ए] <u>आकर्षकनौकरीकेलिए</u>

बी] बड़ी सामग्री काटने के लिए

सी] बेहतर परिष्करण के लिए

D] नौकरी में सबसे छोटी कटौती के लिए

178] फॉर्म टर्निंग के बड़े पैमाने पर उत्पादन के लिए किस प्रकार के धातु उपकरण का उपयोग किया जाता है?

ए] एचएसएस]

बी] एचसीएस]

सी] <u>कार्बाइड</u>

डी] सीमेंटाइट

179] टेम्पलेट क्या है?

ए] काटने के संचालन में से एक

बी] फॉर्म टर्निंग में से एक

सी] <u>नौकरीकाएकहीआंकड़ा</u>

डी] उपकरण में से एक

180] किस उद्देश्य से टेम्पलेट का उपयोग किया जाता है?

ए] <u>अंकनऔरजांचकेलिए</u>

बी] थ्रेडिंग के लिए

सी] मोड़ के लिए

डी] मापने के लिए

181] टेम्प्लेट बनाने के लिए किस सामग्री का उपयोग किया जाता है?

ए] एचसीएस] प्लेट

बी] विशेष उपकरण स्टील

सी] पीतल या तांबा

डी <u>] जीआई] शीटयाएमएस] पतलीशीट</u>

182] --------------- घटक के आकार की जाँच के लिए प्रयोग किया जाता है

टेम्पलेट

बी] स्नैप गेज

सी] उपकरण

डी] साइन बार

183] एक पाइप टी जोड़ के लीक प्रूफ जोड़ों को बनाने और खत्म करने के लिए इस्तेमाल किए जाने वाले उपकरण का नाम बताइए

ए] ग्रोवर

बी] हथौड़ा स्थापित करना

सी] क्रीजिंग हैमर

डी] राउंड बॉटम स्टेक

184] एक टूल में चिप ब्रेकर दिया गया है

ए] 'यह चिप्स को छोटे टुकड़ों में तोड़ देता है'

B] लॉन्ग कट से निरंतर प्रकार के चिप्स प्राप्त करने के लिए

सी] कुचल चिप्स के लिए]

185] स्टेप टाइप चिप ब्रेकर एक है

ए] जिसमें एक छोटा नाली काटने वाले किनारे के पीछे जमीन है

बी] जिसमें एक कदम आईएस उपकरण के चेहरे पर अत्याधुनिक के साथ जमीन पर है

सी] जिसमें एक पतली कार्बाइड प्लेट या क्लैंप उपकरण के चेहरे पर ब्रेज़्ड या खराब हो जाता है]

186] साइन बार का बना होता है

ए] उच्च कार्बन स्टील

बी] उच्च गति स्टील

सी] निकल स्टील

डी] स्थिर क्रोमियम स्टील]

187] जीरो रेक एंगल टूल के लिए दें?

ए] उपकरण के घर्षण से बचने के लिए

बी] उपकरणजीवनकोबढ़ानेकेलिए

C] सीधे टूल को बढ़ाने के लिए

डी] काम पर बेहतर परिष्करण के लिए

188] सिंगल पॉइंट कटिंग टूल का उपयोग करके लेड स्क्रू पिच वाले खराद पर 25 मिमी के स्क्रू थ्रेड को काटने के लिए आवश्यक गियर अनुपात है ----

ए] 1:2

बी] 2:1

सी] 1:1 मिमी

189] एक गिलास गियर इकाई में है

ए] सिंगल गियर

बी] दो गियर

सी] तीनगियर

डी] चार गियर

190] कौन सा ऑपरेशन है जो स्लॉटिंग मशीन पर नहीं किया जा सकता है?

ए] कुंजी रास्ता स्लॉटिंग

बी] डोवेलटेल स्लॉटिंग

सी] गियर काटना

डी] धागाकाटना

191] एसेसरीज के साथ स्लॉटर टेबल को कौन सा फीड नहीं दिया जा सकता है

ए] अनुदैर्ध्य

बी] रोटरी

सी] लंबवत

डी] क्रॉस

slotter machine 3 slotter machine

स्लॉटर एम/सी

192] स्लॉटर का आकार उसके अधिकतम द्वारा निर्दिष्ट किया जाता है

ए] टेबल की अनुदैर्ध्य यात्रा

बी] टेबल और राम के बीच की ऊंचाई

सी] टेबल की क्रॉसवाइज यात्रा

डी] रामकेस्ट्रोककीलंबाई

193] उत्तल सतह को स्लॉट करने के लिए, काटने के उपकरण की आवश्यकता होती है

ए] चौकोर नाक उपकरण

बी] गोलनाकउपकरण

सी] कीवे टूल

डी] कॉर्नरिंग टूल

194] उत्तल सतह का उपयोग करके स्लॉट किया जा सकता है
ए] अनुदैर्ध्य फ़ीड
बी] रोटरीफीड
सी] क्रॉस फीड
डी] लंबवत फ़ीड
195] एक स्लॉटिंग मशीन में त्वरित वापसी तंत्र का उद्देश्य है:
ए] काटने का समय कम करें
बी] तेजी से वापसी स्ट्रोक है
सी] मानक काटने की गति बनाए रखें
डी] तेजीसेनिष्क्रियस्ट्रोकवालेनिष्क्रियसमयकोकमकरें
196] स्लॉटिंग मशीन का मुख्य फीड शाफ्ट ड्राइव बाई है
ए] बेवल गियर तंत्र
बी] पावलऔरशाफ़्टव्हीलतंत्र
सी] गिलास गियर तंत्र
डी] कृमि और कृमि गियर तंत्र
197] वसंत के साथ भरी हुई
ए] सादा या बॉक्स प्रकार उपकरण धारक
बी] एक्सटेंशन टूल होल्डर
C] रिलीविंगटाइपटूलहोल्डर
डी] घूर्णन उपकरण धारक]
198] सामान्य प्रयोजन के लिए कार्य
ए] सादायाबॉक्सप्रकारउपकरणधारक
बी] एक्सटेंशन टूल होल्डर
C] रिलीविंग टाइप टूल होल्डर
डी] घूर्णन उपकरण धारक]
199] 4 पदों पर 90° के लिए अनुक्रमण की अनुमति देता है
ए] सादा या बॉक्स प्रकार उपकरण धारक
बी] एक्सटेंशन टूल होल्डर
C] रिलीविंग टाइप टूल होल्डर
डी] घूर्णनउपकरणधारक]
200] बड़े सर्किलों को स्लॉट करने के लिए
ए] सादा या बॉक्स प्रकार उपकरण धारक
बी] एक्सटेंशनटूलहोल्डर
C] रिलीविंग टाइप टूल होल्डर

डी] घूर्णन उपकरण धारक]

201] रिटर्न स्ट्रोक में टूल को हटा देता है]

ए] सादा या बॉक्स प्रकार उपकरण धारक

बी] एक्सटेंशन टूल होल्डर

C] <u>रिलीविंगटाइपटूलहोल्डर</u>

डी] घूर्णन उपकरण धारक]

202] ड्रिल चक को मशीन स्पिंडल पर किसके माध्यम से रखा जाता है ------

<u>ए] आर्बर</u>

बी] बहाव

सी] ड्रा-इन बार

डी] चक अखरोट

203] निम्न में से किसका उपयोग नियमित वर्कपीस को होल्ड करने के लिए किया जाता है

ए] फेसप्लेट

बी] मैंड्रेल

<u>c] थ्री-जॉचक</u>

डी] चार-जबड़े चक

lathe chuck Lathe Chuck

खराद चक

204] चार जॉ चक के पिछले हिस्से में धागे के प्रकार ----- होते हैं

<u>एकवर्ग</u>

3] समलम्बाकार

सी] वी-आकार

डी] इनमें से कोई नहीं

205] नूरलिंग ऑपरेशन किया जाता है

ए] धुरी गति मोड़ना

बी] उच्च धुरी गति

सी] <u>1/3 टर्निंगस्पिंडलस्पीड</u>

डी] 1⁄2 टर्निंग स्पिंडल स्पीड

206] नूरलिंग किसका ऑपरेशन है?

ए] बाल काटना

बी] <u>गठन</u>

सी] मोड़

डी] दबाने

207] टेलस्टॉक विधि को ऑफसेट करके टेपर टर्निंग का उत्पादन किया जा सकता है

ए] एक आंतरिक टेपर

बी] एक आंतरिक टेपर धागा

सी] <u>एकबाहरीशंकु</u>

डी] बाहरी और आंतरिक दोनों टेपर

208] टेपर टर्निंग अटैचमेंट का उपयोग करके, टेपर को तक के सेटिंग कोण के साथ घुमाया जा सकता है

ए] 10◦

बी] <u>15◦</u>

सी] 20◦

डी] 30◦

taper turning attachment2 Taper Turning Attachment

टेपर टर्निंग अटैचमेंट

209] टेपर की सटीकता की जांच आमतौर पर के माध्यम से की जाती है

ए] <u>टेपरगेज</u>

बी] गेज ब्लॉक

सी] संकेतक और ऊंचाई गेज

डी] 'वी' ब्लॉक

210] कंपाउंड रेस्ट मेथड द्वारा टेंपर्स को मोड़ने में पूरी तरह से के साथ काम करना शामिल है

दशमलव माप

बी भिन्नात्मक माप

सी मीट्रिक माप

डीकोणीयमाप]

211] लंबे टेपर बनते हैं

ए टेपर टर्निंग अटैचमेंट के साथ

बी यौगिक स्लाइड के साथ

C टेलस्टॉकपरसेटकरके

डी क्रॉस स्लाइड को समायोजित करके]

212] टर्न्ड टेपर की लंबाई की जाँच किसके साथ की जाती है

एक वर्नियर कैलिपर

बी माइक्रोमीटर

सी कॉलपर के अंदर

डी डायल टेस्ट इंडिकेटर]

213] कॉम] पाउंड स्लाइड का उपयोग करके टेपर टर्निंग के नुकसान हैं

ए] केवल लंबे टेपर चालू किए जा सकते हैं

बी] केवल बहुत बड़े टेपर को चालू किया जा सकता है

सी] फ़ीड में केवल मैनुअल संभव है

डी] कंपाउंड स्लाइड के प्रतिबंधों के कारण केवल छोटे टेपर चालू किए जा सकते हैं]

214] बाहरी टेपर की जाँच की जाती है

ए] प्लग गेज सीमित करें

बी] टेपर रिंग गेज

सी] टेपर प्लग गेज

डी] थ्रेड प्लग गेज]

taper ring gauge 1 Ring Gauge

टेपर रिंग गेज

215] खराद को चालू करने वाले टेपर का उपयोग होता है ----

ए] इकट्ठे भागों में ड्राइव संचारित करने में सहायता

बी] विधानसभा और भागों के जुदा करने के लिए प्रयुक्त

सी] इकट्ठे भागों में आत्म संरेखण दें

216] छोटी लंबाई के टेपर के उत्पादन के बड़े पैमाने पर उत्पादन में किस प्रकार की विधि का उपयोग किया जाता है?

ए] फॉर्मटूल

बी] कंपाउंड स्लाइड

सी] टेलस्टॉक ऑफसेट

डी] टेपर टर्निंग अटैचमेंट

217] मोर्स स्टैण्डर्ड टैंपर अंतरराष्ट्रीय स्तर पर स्वीकृत मानक टैंपर में से एक है, जो ----- से संख्या में उपलब्ध है।

ए]1to7

बी] 1 से 8

सी] ओसे 7

डी] 0 से 8

218] खड़ी टेपर को काटने के लिए किस टेपर टर्निंग विधि का उपयोग किया जाता है?

ए] विधि पर सेट करें

बी] टेपर टर्निंग अटैचमेंट

सी] फॉर्म टूल

D] कंपाउंडरेस्टकोघुमाना

219] मोर्स टेपर का प्रयोग निम्नलिखित में से किस मशीन के घटकों में किया जाता है -

ए] खराद की धुरी

बी] ड्रिल मशीन की धुरी

सी] रीमर के शैंक्स

डी] येसभी

220] तने के बड़े पैमाने पर उत्पादन के लिए निम्नलिखित में से किस विधि का उपयोग किया जाता है]

ए] टेलस्टॉक ऑफसेट विधि

बी] टेपर टर्निंग अटैचमेंट मेथड

C] फॉर्मटूमेथड

डी] कंपाउंड स्लाइड विधि

221] टेपर का प्रमुख व्यास 40 मिमी है, लघु व्यास 30 मिमी है] नौकरी की कुल लंबाई 100 मिमी है जिसे पतला किया जाता है फिर ऑफसेट दिया जाता है -

<u>ए] 5 मिमी</u>

बी] 75 मिमी

सी] 12 मिमी

डी] 9 मिमी

sine bar 1 Sine Bar

साइन बार

222] साइन बार का बना होता है

ए] उच्च कार्बन स्टील

बी] उच्च गति स्टील

सी] निकल स्टील

<u>डी] स्थिर क्रोमियम स्टील]</u>

223] साइन बार का उपयोग के लिए किया जाता है

ए] ड्रिलिंग के लिए नौकरी को समतल करना

<u>B] टेपर जॉब का कोण ज्ञात करना</u>

सी] छिद्रों का व्यास मापना

डी] धागे की प्रोफाइल जांच रहा है]

224] साइन बार की लंबाई के बीच की दूरी है

ए] साइन बार के एक छोर से दूसरे छोर तक

बी] साइन बार की विकर्ण क्रॉस लंबाई

<u>सी] रोलर्स के बीच केंद्र से केंद्र</u>

डी] रोलर्स के बीच बाहर से बाहर]

225] साइन बार का आकार इसके द्वारा निर्दिष्ट किया जाता है

भार

बी] चौड़ाई का माप

<u>सी] लंबाई</u>

डी] सेटिंग का अधिकतम कोण]

226]साइन बार के एक छोर पर एक स्टॉपर प्रदान करने का उद्देश्य है

ए] आसान हैंडलिंग

बी] नौकरी को फिसलने से रोकना]

सी] पर्ची गेज का समर्थन

डी] सेटिंग करते समय संदर्भ के रूप में उपयोग करना]

227] एक साइन बार उसके शरीर पर समान रूप से चार या पांच छेद के साथ बनाया जाता है] इन छेदों का उद्देश्य है

ए] साइनबारकोआसानीसेसंभालें

बी] पाप बार का वजन कम करें

सी] साइन बार की ऊपरी सतह के विरूपण को रोकें

D] साइन बार को अच्छा लुक दें

228] साइन बार का उपयोग के लिए किया जाता है

ए] छिद्रों के व्यास को मापना '

B] टेपरजॉबकाकोणज्ञातकरना

सी] ड्रिलिंग के लिए नौकरी को समतल करना

डी] एक थ्रेड की प्रोफाइल चकिंग

slip gauge 1 Slip Gauge

पर्ची गेज

229] साइन बार का उपयोग करके कोणों को मापने के लिए स्लिप गेज की ऊंचाई और कोण के अनुपात के अनुसार बनाया गया कोण

ए] साइनबारकीऊंचाई

बी] संख्या पर्ची गेज

सी] साइन बार की लंबाई

डी] साइन बार की चौड़ाई

230] ----------- 1 की सटीकता के भीतर कोण की जांच के लिए प्रयोग किया जाता है]

ए] गेज

बी] साइनबार

सी] मंदिर

डी] टेलीस्कोपिक गेज

231] अगर साइन बार हैं तो संपर्क रोलर्स और डेटम सतह की केंद्र रेखा

ए] वही लाइन ''

बी] समानांतर

सी] झुका हुआ

डी] लंबवत

232] साइन बार किससे बना होता है -

ए] उच्च कार्बन स्टील

बी] स्थिरक्रोमियमस्टील '

सी] हाई स्पीड स्टील

डी] निकल स्टील

233] एल = 200 मिमी की लंबाई के साथ एक साइन बार का उपयोग वर्क पीस के कोण को सही ढंग से जांचने के लिए किया जाता है] जांचा जाने वाला कोण: 250 स्लिप गेज की ऊंचाई 'एच' की गणना करें?

ए] 8454 मिमी

बी] 8352 मिमी

सी] 8181 मिमी

डी] 8552 मिमी

234] निम्नलिखित में से कौन सा कथन सही है?'

ए] गेजकाउपयोगआकारकीजांचकेलिएकियाजाताहै

बी] आकार को चकने के लिए टेम्पलेट का उपयोग किया जाता है

सी] गेज का उपयोग आकार मापने के लिए किया जाता है

डी] गेज का उपयोग घटक के आकार की जांच के लिए किया जाता है

235] सेक्शन में गेज को किस मानक तापमान पर रखा जाता है?

ए] 100 सी

बी] 20 डिग्रीसेल्सियस

सी] 100 एफ

डी] 20 डिग्री फारेनहाइट

236] वर्कशॉप में आमतौर पर किस ग्रेड के स्लिप गेज का इस्तेमाल किया जाता है?

ए] ग्रेड 0

बी] ग्रेड एल

सी] ग्रेड एच

डी] ग्रेड 0

237] भारतीय मानकों के अनुसार एक विशेष सेट गेज का उपयोग किया जाता है जिसमें

ए] 81 टुकड़े

बी] 112 टुकड़े

सी] 120 टुकड़े

डी] 130 टुकड़े

238] संदर्भ गेज की सटीकता है

ए] 005 मिमी

बी] 001 मिमी

सी] 0001]

डी] 00001 मिमी

239] स्लिप गेज पर चींटी की गड़गड़ाहट के मामले में, इसे द्वारा हटा दिया जाना चाहिए

ए] भरना

बी] लैपिंग

सी] स्क्रैपिंग

डी] पीस

240] स्लिप गेज की कठोरता कितनी होनी चाहिए?

ए] 63 सेअधिकएचआरसी

बी] 58 एचआरसी

सी] 55 एचआरसी

डी] 50 एचआरसी

241] ------------- 001 मिमी की सटीकता के भीतर घटक की जाँच के लिए स्लिप गेज का उपयोग किया जाता है]

ए] कार्यशालागेज

बी] निरीक्षण गेज

सी] संदर्भ गेज

डी] रिंग गेज

242], ------------ सटीक उपकरण की सटीकता की जांच के लिए प्रयोग किया जाता है]

ए] गेजब्लॉक

बी] फादर गेज

सी] साइन बार

डी] प्लग गेज

243] सटीकता सुनिश्चित करने के लिए उपयोग करने से पहले स्लिप गेज को साफ किया जाता है] इस उद्देश्य के लिए आप किस माध्यम का उपयोग करेंगे

ए] तेल

बी] पतला

सी] कार्बनटेट्राक्लोराइड / सफेदपेट्रोल

डी] तारपीन का तेल

244]समान घटकों की आयामी सटीकता की जांच करने के लिए, एक डायल परीक्षण संकेतक t 6 आकार के लिए सेट किया गया है और एक तुलनित्र के रूप में उपयोग किया जाता है] डायल परीक्षण संकेतक पर सेट करने के लिए आप क्या उपयोग करेंगे?

ए] डायल टेस्ट इंडिकेटर

बी] टीटर गेज

सी] पर्चीगेज

डी], सतह गेज

245] साइन बार के बारे में निम्नलिखित में से कौन सा कथन सही नहीं है?

ए] दोनों तरफ रखे टो सटीक रोलर्स का उपयोग करता है

बी] क्रोमियम स्टील से बना है

C] सतह लैप्ड है

डी] छिद्रोंकीकेंद्ररेखाएंशीर्षसतहकीओरझुकीहोंगी

246] एक स्लिप गेज एक ---------- है

ए] आयताकारब्लॉक

बी] स्क्वायर ब्लॉक

सी] क्यूबिक ब्लॉक

247] स्लिप गेज की चौथी श्रृंखला में, सेट 46 पीस में निम्नलिखित में से कौन सी श्रेणी सही है?

ए] 10 से 90 मिमी

बी] 1001 101009 मिमी

सी] 101 से 109 मिमी

डी]'11'से_-19मिमी

248] स्लिप गेज की 5वीं श्रृंखला में, सेट 46 पीस में निम्नलिखित में से कौन सी श्रेणी सही है -

ए] 100 से 100 मिमी '

बी] 1001 से 1009 मिमी

सी] 101 से 009mrn

डी] 11 से 9 मिमी

249] स्लिप गेज की 2NDS श्रृंखला में, 45 पीस के सेट में निम्नलिखित में से कौन सी श्रेणी सही है-

ए] 10 से 90 मिमी

बी] 1001 से 1] 009 मिमी

सी] 101 से 109 मिमी

डी] 11 से 19 मिमी

250] स्लिप गेज की तीसरी श्रृंखला में, सेट 46 पीस में निम्नलिखित में से कौन सी श्रेणी सही है -

ए] 100 से 100 मिमी

बी] 1001 से 1009 मिमी

सी] 101 से 109 मिमी

डी] 11 से 19 मिमी

251] स्लिप गेज की पहली श्रृंखला में, सेट 46 पीस में निम्नलिखित में से कौन सी श्रेणी सही है -

ए] 0001 मिमी

बी] 001 मिमी

सी] 01 मिमी

डी] 10 मिमी

252] स्लिप गेज की दूसरी श्रृंखला में, निम्नलिखित में से कौन सा कदम 46 टुकड़ों के सेट में सही है -

ए] 0001 मिमी

बी] 001 मिमी

सी] 01 मिमी

डी] 1-0 मिमी

253] स्लिप गेज की तीसरी श्रृंखला में, सेट 46 पीस में निम्नलिखित में से कौन सा कदम सही है?

ए] 0001 मिमी

बी] 001 मिमी

सी] 01 मिमी

डी] 10 मिमी

254] धुरी कार्य तालिका के लंबवत है

ए] क्षैतिज मिलिंग मशीन

बी] लंबवतमिलिंगमशीन

सी] यूनिवर्सल मिलिंग मशीन]

डी] खराद मशीन

255] टेबल को क्षैतिज तल में घुमाया जा सकता है

ए] क्षैतिज मिलिंग मशीन

बी] लंबवत मिलिंग मशीन

सी] <u>यूनिवर्सलमिलिंगमशीन</u>]
डी] खराद मशीन
256] धुरी कार्य तालिका के लिए क्षैतिज है
ए] <u>क्षैतिजमिलिंगमशीन</u>
बी] लंबवत मिलिंग मशीन
सी] यूनिवर्सल मिलिंग मशीन]
डी] खराद मशीन
257] कठोर, मजबूत और भारी काम को समायोजित करता है
ए] <u>क्षैतिजमिलिंगमशीन</u>
बी] लंबवत मिलिंग मशीन
सी] यूनिवर्सल मिलिंग मशीन]
डी] खराद मशीन
258] इस मशीन पर बोरिंग, की-वे कटिंग, प्रोफाइल मिलिंग की जा सकती है
ए] क्षैतिज मिलिंग मशीन
बी] <u>लंबवतमिलिंगमशीन</u>
सी] यूनिवर्सल मिलिंग मशीन]
डी] खराद मशीन
259] इस मशीन पर पेचदार खांचे और गियर मिल सकते हैं
ए] क्षैतिज मिलिंग मशीन
बी] लंबवत मिलिंग मशीन
सी] <u>यूनिवर्सलमिलिंगमशीन</u>]
डी] खराद मशीन
260] कॉलम पर स्लाइड मूवमेंट
ए] अनुदैर्ध्य फ़ीड
बी] क्रॉस फीड
सी] <u>लंबवतफ़ीड</u>
डी] परिपत्र फ़ीड]
261] घुटने पर स्लाइड मूवमेंट
ए] अनुदैर्ध्य फ़ीड
बी] <u>क्रॉसफीड</u>
सी] लंबवत फ़ीड
डी] परिपत्र फ़ीड]
262] रोटरी टेबल
ए] अनुदैर्ध्य फ़ीड

बी] क्रॉस फीड
सी] लंबवत फ़ीड
डी] परिपत्रफ़ीड]
263] टेबल ट्रैवर्स]
ए] अनुदैर्ध्यफ़ीड
बी] क्रॉस फीड
सी] लंबवत फ़ीड
डी] परिपत्र फ़ीड]
264] कटर की धुरी के लंबवत सतह का उत्पादन करता है
ए] फेसमिलिंगप्रक्रियाहै
बी] साइड मिलिंग प्रक्रिया है
सी] सादा मिलिंग प्रक्रिया है
डी] अंत मिलिंग प्रक्रिया है
265] मशीन आर्बर के लंबवत और सपाट सतहों का निर्माण
ए] फेस मिलिंग प्रक्रिया है
बी] साइडमिलिंगप्रक्रियाहै
सी] सादा मिलिंग प्रक्रिया है
डी] अंत मिलिंग प्रक्रिया है
266] स्लॉट बनाने के लिए अंत और परिधि पर कटिंग की जाती है
ए] फेस मिलिंग प्रक्रिया है
बी] साइड मिलिंग प्रक्रिया है
सी] सादा मिलिंग प्रक्रिया है
डी] अंतमिलिंगप्रक्रियाहै
267] प्लेन मिलिंग मशीन पर की जाने वाली प्रक्रिया
ए] फेस मिलिंग प्रक्रिया है
बी] साइड मिलिंग प्रक्रिया है
सी] सादामिलिंगप्रक्रियाहै
डी] अंत मिलिंग प्रक्रिया है
268] वर्टिकल मिलिंग मशीन पर की जाने वाली प्रक्रिया
ए] फेसमिलिंगप्रक्रियाहै
बी] साइड मिलिंग प्रक्रिया है
सी] सादा मिलिंग प्रक्रिया है
डी] अंत मिलिंग प्रक्रिया है
269] कोबाल्ट टंगस्टन कार्बाइड और टेंटलम कार्बाइड की संरचना

ए] कार्बन स्टील कटर

बी] धातुमलकार्बाइडउपकरणकटर

सी] सिरेमिक कटर

डी] डायमंड कटर

milling cutters milling cutter

मिलिंग कटर

270] एल्यूमीनियम और सिलिकॉन या मैग्नीशियम के ऑक्साइड की एक संरचना

ए] कार्बन स्टील कटर

बी] धातुमल कार्बाइड उपकरण कटर

सी] सिरेमिककटर

डी] डायमंड कटर

271] स्टील 11% से 15% कार्बन के साथ

ए] कार्बनस्टीलकटर

बी] धातुमल कार्बाइड उपकरण कटर

सी] सिरेमिक कटर

डी] डायमंड कटर

272] कम काटने की गति और फ़ीड दरों के लिए उपयुक्त

ए] कार्बनस्टीलकटर

बी] धातुमल कार्बाइड उपकरण कटर

सी] सिरेमिक कटर

डी] डायमंड कटर

273] सटीक परिष्करण के लिए कम फ़ीड दर के साथ अत्यधिक उच्च काटने की गति]

ए] कार्बन स्टील कटर

बी] धातुमल कार्बाइड उपकरण कटर

सी] सिरेमिक कटर

डी] डायमंडकटर

274] प्रकृति में अधिक भंगुर

ए] कार्बन स्टील कटर

बी] धातुमल कार्बाइड उपकरण कटर

सी] सिरेमिक कटर

डी] डायमंडकटर

275] का उपयोग रिमर्स पर बांसुरी काटने के लिए किया जाता है

ए] समान डबल कोण कटर

बी] बोर टाइप सिंगल एंगल कटर

सी] असमानडबलकोणकटर

डी] शैंक टाइप सिंगल एंगल कटर]

276] क्षैतिज मिलिंग मशीन पर डोवेटेल गाइड तरीके काटने के लिए प्रयोग किया जाता है

ए] समान डबल कोण कटर

बी] बोर टाइप सिंगल एंगल कटर

सी] असमान डबल कोण कटर

डी] शैंकटाइपसिंगलएंगलकटर]

277] 'V' खांचे को काटने के लिए प्रयोग किया जाता है

ए] समानडबलकोणकटर

बी] बोर टाइप सिंगल एंगल कटर

सी] असमान डबल कोण कटर

डी] शैंक टाइप सिंगल एंगल कटर]

278] टाइप 'ए' के रूप में दो प्रकार हैं, छोटे सिरे के व्यास के आधार पर 'बी' टाइप करें

ए] समान डबल कोण कटर

बी] बोर टाइप सिंगल एंगल कटर

सी] असमान डबल कोण कटर

डी] शैंकटाइपसिंगलएंगलकटर]

279] दो कोणों का उल्लेख करके निर्दिष्ट किया गया है

ए] समान डबल कोण कटर

बी] बोर टाइप सिंगल एंगल कटर

सी] असमानडबलकोणकटर

डी] शैंक टाइप सिंगल एंगल कटर]

280] सपाट किनारे पर किनारे हो सकते हैं या नहीं भी हो सकते हैं]

ए] समान डबल कोण कटर

बी] बोरटाइपसिंगलएंगलकटर

सी] असमान डबल कोण कटर

डी] शैंक टाइप सिंगल एंगल कटर]

281] वर्टिकल मिलिंग अटैचमेंट

ए] फेसमिलिंग, बोरिंग, एंडड्रिलिंग, 'टी' स्लॉटमिलिंग

बी] मिलिंग लंबे मिलिंग रैक

सी] कॉलम के चेहरे या ऊपरी बांह पर घुड़सवार

D] वर्टिकल मिलिंग अटैचमेंट दिया गया है

milling attachment 1 Milling Attachment

मिलिंग अटैचमेंट

282] एक ऊर्ध्वाधर मिलिंग मशीन के रूप में सादे या सार्वभौमिक मिलिंग मशीन का उपयोग करने के लिए

ए] फेस मिलिंग, बोरिंग, एंड ड्रिलिंग, 'टी' स्लॉट मिलिंग

बी] मिलिंग लंबे मिलिंग रैक

सी] कॉलम के चेहरे या ऊपरी बांह पर घुड़सवार

डी] वर्टिकलमिलिंगअटैचमेंटप्रदानकियागयाहै

283] लंबवत संलग्नक क्षैतिज मिलिंग मशीन को प्रदर्शन करने में सक्षम बनाता है

ए] फेसमिलिंग, बोरिंग, एंडड्रिलिंग, 'टी' स्लॉटमिलिंग

बी] मिलिंग लंबे मिलिंग रैक

सी] कॉलम के चेहरे या ऊपरी बांह पर घुड़सवार

D] वर्टिकल मिलिंग अटैचमेंट दिया गया है

284] रैक मिलिंग अटैचमेंट और रैक इंडेक्सिंग अटैचमेंट के लिए इस्तेमाल किया गया

ए] फेस मिलिंग, बोरिंग, एंड ड्रिलिंग, 'टी' स्लॉट मिलिंग

बी] मिलिंगलंबेमिलिंगरैक

सी] कॉलम के चेहरे या ऊपरी बांह पर घुड़सवार

D] वर्टिकल मिलिंग अटैचमेंट दिया गया है

285] स्लॉटिंग अटैचमेंट स्पिंडल की रोटरी गति को परिवर्तित करता है

ए] लंबवत मिलिंग अटैचमेंट प्रदान किया जाता है

B] किसी भी दिशा में 90x घुमाया जा सकता है

सी] मशीन की बहुमुखी प्रतिभा बढ़ाने के लिए

डी] पारस्परिकगतिमें

286] मिलिंग अटैचमेंट डिज़ाइन किए गए हैं]

ए] लंबवत मिलिंग अटैचमेंट प्रदान किया जाता है

B] किसी भी दिशा में 90x घुमाया जा सकता है

सी] मशीनकीबहुमुखीप्रतिभाबढ़ानेकेलिए

डी] पारस्परिक गति में

287] लगाव उपयोगी है जिसमें प्रकाश मशीनिंग शामिल है

ए] गियरकाटनेकालगाव

बी] गोलाकार मोड़ लगाव

सी] लगाव से राहत]

डी] उपरोक्त में से कोई नहीं

gears gears

गियर

288] उपकरण उन्नति है] कैम प्रोफाइल द्वारा नियंत्रित

ए] गियर काटने का लगाव

बी] गोलाकार मोड़ लगाव

सी] लगावसेराहत]

डी] उपरोक्त में से कोई नहीं

289] स्प्लिन आदि काटने के लिए उपयोगी

ए] गियरकाटनेकालगाव

बी] गोलाकार मोड़ लगाव

सी] लगाव से राहत]

डी] उपरोक्त में से कोई नहीं

290] वर्कपीस पर शीतलक का उपयोग करके हम चुन सकते हैं

ए] उच्चकाटनेकीगति

बी] लोअर कटिंग फीड

सी] कम काटने की गति

डी] कटौती की भारी गहराई

291] एक्सट्रीम प्रेशर एडिटिव (ईपीए) को काटने वाले द्रव के साथ मिलाया जाता है ताकि इसकी शक्ति में सुधार किया जा सके

ए] कूलिंग

<u>बी] स्नेहन</u>

डी] मशीनी सतह का उत्पादन

C] कटिंग जोन की सफाई

292] मशीन टूल्स में लुब्रिकेंट का उपयोग करने का मुख्य उद्देश्य है ------

ए] बनाने वाले हिस्सों को ठंडा करें

बी] मशीन टूल को गर्म होने से रोकें

सी] निकट संपर्क के लिए बनाने वाले हिस्सों को गीला करें

<u>डी] बनानेवालेहिस्सोंकेबीचघर्षणकोकमकरें</u>

293] निवारक रखरखाव है

ए] रखरखाव में संवेदनशील उपकरणों का उपयोग शामिल है

बी] रखरखाव आमतौर पर ऑपरेटर द्वारा स्वयं किया जाता है

सी] काम तभी किया जाता है जब मशीन खराब हो जाती है

<u>डी] अप्रत्याशितटूटनेकोकमकरनेकीयोजना</u>

294] ब्रेक डाउन मेंटेनेंस क्या है?

ए] अप्रत्याशित टूटने को कम करने के लिए रखरखाव

बी] रखरखाव आमतौर पर स्वयं ऑपरेटर द्वारा किया जाता है

सी] रखरखाव में खराब हो चुके हिस्सों को बदलना शामिल है

<u>D] मशीनखराबहोनेपरहीमरम्मतकार्यकियाजाताहै</u>

295] नियमित रखरखाव है ---------

ए] अप्रत्याशित टूटने को कम करने के लिए यह नियोजित रखरखाव है

बी] इस प्रकार के रखरखाव में संवेदनशील उपकरण का उपयोग शामिल है

सी] यह मरम्मत का काम है जब मशीन खराब हो जाती है

<u>डी] इसप्रकारकारखरखावआमतौरपरऑपरेटरद्वारास्वयंकियाजाताहै</u>

296] स्नेहक आवश्यक है

<u>ए] कमसेकमभारलेतेहुएमशीनकोसुचारूरूपसेचलाएं</u>

बी] मशीन को जल्दी से चलाएं

सी] मशीन को तुरंत बंद करो

डी] अधिक सटीकता के काम के टुकड़े का उत्पादन करें

297] मशीन टूल्स में लुब्रिकेंट का उपयोग करने का मुख्य उद्देश्य है ------

ए] बनाने वाले हिस्सों को ठंडा करें

बी] मशीन टूल को गर्म होने से रोकें

सी] निकट संपर्क के लिए बनाने वाले हिस्सों को गीला करें

डी] बनानेवालेहिस्सोंकेबीचघर्षणकोकमकरें

298] पेंच की 5 मिमी पिच और 40 : 1 के विभाजन अनुपात वाले मिलिंग मशीन की सीसा क्या है

ए] 025 मिमी

बी] 5 मिमी

सी] 8 मिमी

डी] 200 मिमी

299] रैक मिलिंग अटैचमेंट और रैक इंडेक्सिंग अटैचमेंट के लिए इस्तेमाल किया गया

ए] फेस मिलिंग, बोरिंग, एंड ड्रिलिंग, 'टी' स्लॉट मिलिंग

बी] मिलिंगलंबेमिलिंगरैक

सी] कॉलम के चेहरे या ऊपरी बांह पर घुड़सवार

D] वर्टिकल मिलिंग अटैचमेंट दिया गया है

indexing head Indexing Head Mechanism

इंडेक्सिंग हेड

300] अनुक्रमण की तीव्र विधि के लिए प्रयुक्त

ए] डायरेक्टइंडेक्सिंगहेड

बी] सरल अनुक्रमण शीर्ष

सी] यूनिवर्सल इंडेक्सिंग हेड

डी] उपरोक्त में से कोई नहीं

301] जहां बड़ी संख्या में समान टुकड़ों को अनुक्रमित किया जाता है वहां प्रयुक्त होता है

ए] डायरेक्टइंडेक्सिंगहेड

बी] सरल अनुक्रमण शीर्ष

सी] यूनिवर्सल इंडेक्सिंग हेड

डी] उपरोक्त में से कोई नहीं

302] डिफरेंशियल इंडेक्सिंग के लिए कई तरह के गियर बदलने के साथ प्रयोग किया जाता है]

ए] डायरेक्ट इंडेक्सिंग हेड

बी] सरल अनुक्रमण शीर्ष

सी] यूनिवर्सलइंडेक्सिंगहेड

डी] उपरोक्त में से कोई नहीं

303] घर्षण से बने ग्राइंडिंग व्हील्स अपने फ्री और कूल कटिंग एक्शन के कारण सबसे आम हैं]

ए] एल्यूमिनियमऑक्साइड

बी] सिलिकॉन ऑक्साइड

सी] अमोनियम ऑक्साइड

डी] कार्बाइड]

304] निम्नलिखित में से किस अपघर्षक का उपयोग ज्यादातर गैर-धातु सामग्री को काटने के लिए पहियों को काटने के लिए किया जाता है?

ए] एल्यूमिनियम ऑक्साइड

बी] सिलिकॉनकार्बाइड

सी] हीरा

डी] उपरोक्त में से कोई नहीं

305] किस अपघर्षक कण का प्रयोग किया जाता है

Grinding wheels 1 bench grinder-wheel

पीसने का चक्का

टंगस्टन कार्बाइड उपकरण डालने?

ए] सिलिकॉनकार्बाइड

बी] ए|203

सी] हीरा

डी] कोरन्डम

306] निम्नलिखित में से कौन सा प्राकृतिक अपघर्षक है?

ए] एल्यूमिनियम ऑक्साइड

बी] सिलिकॉन

सी] बोरॉन कार्बाइड

<u>डी] कोरन्डम</u>

307] निम्नलिखित में से कौन सा निर्मित अपघर्षक है?

ए] कोरन्डम]

बी] क्वाट्र्ज

<u>सी] सिलिकॉन</u>

डी] एमरी

308] स्टील फिटिंग को पीसने के लिए किस अपघर्षक कण का उपयोग किया जाता है?

ए] सिलिकॉन कार्बाइड

<u>बी] एल्यूमिनियमऑक्साइड</u>

सी] हीरा]

डी] बोरॉन ऑक्साइड

309] कंक्रीट के पत्थर और चिनाई को काटने के लिए किस प्रकार के अपघर्षक कट ऑफ व्हील का उपयोग किया जाना चाहिए?

ए] सिलिकॉन

बी] अल 203

<u>सी] डायमंडग्रिट</u>

डी] ग्लास

310] एल्यूमिनियम ऑक्साइड व्हील पीसने के लिए प्रयोग किया जाता है -------------

ए] कच्चा लोहा

बी] सीमेंटेड कार्बाइड

<u>सी] एचएसएस '</u>

डी] सिरेमिक

311] हीरे के पहिये का आबंध टिप्ड टूल की ऑफहैंड ग्राइंडिंग के लिए उपयुक्त है

ए] रेजिनोइड

बी] विट्रिफाइड

सी] शैलैक

<u>डी] धातु</u>

312] निम्नलिखित में से कौन सा बांड आमतौर पर प्रयोग किया जाता है?

<u>ए] विट्रिफाइडबॉन्ड '</u>

बी] रबड़ बंधन

सी] शैलैक बंधन

डी] सिलिकेट बंधन

313] पारंपरिक रूप से रेजिनॉइड बॉन्ड के लिए इस्तेमाल किया जाने वाला प्रतीक ~~~~~~~ . है

ए] वी

बी] आर एफ

<u>सी] बी</u>

डे

314] ग्राइंडिंग अभ्यास में "ग्रेड ऑफ व्हील" शब्द का अर्थ ------------- है।

ए] इस्तेमाल किए गए अपघर्षक की कठोरता

<u>बी] पहियाकेबंधनकीताकत</u>

सी] व्हील 0 एफ समाप्त करें

डी] काम के टुकड़ों की कठोरता

315] पहियों को काटने में किस बंधन का प्रयोग किया जाता है?

एक रबर

बी] विट्रिफाइड

<u>सी] रेसिरजॉइड</u>

डी] शैलैक

316] ग्राइंडिंग व्हील की कठोरता __________ द्वारा निर्धारित की जाती है

<u>ए] प्रतिरोधलगायागया] बंधनद्वारातनावकोपीसनेकेखिलाफ</u>

बी] घर्षण अनाज की कठोरता

सी] बंधन की कठोरता

डी] प्रवेश करने की क्षमता

317] जब ग्राइंडिंग व्हील को बहुत तेज गति से सुरक्षित रूप से चलाने की आवश्यकता होती है, तो किस बंधन का उपयोग किया जाना चाहिए? "

ए] विट्रिफाइड

बी] शैलैक

सी] सिलिकेट

<u>डी] रेजिनॉयड' औररबर</u>

318] सतह पीसने में सामान्य प्रयोजन सतह पीसने के लिए पीसने वाले पहिये के अनाज के आकार की उपयुक्त सीमा क्या है?

ए] 20 से 36

<u>बी] 46 से 60</u>

सी] 80 से 120

डी] 150 से 300

319] भारतीय मानक के अनुसार, अनाज '46' «w] ----- के समूह के अंतर्गत आता है

ए] मोटे

<u>बी] मध्यम</u>

सी] ठीक

डी] बहुत बढ़िया

320] ग्राइंडिंग व्हील में प्रयुक्त अपघर्षक का ग्रिट आकार आमतौर पर ---------- द्वारा निर्दिष्ट किया जाता है

ए] कठोरता संख्या

बी] पहिया का आकार

सी] घर्षण की कोमलता या कठोरता

<u>डी] मेषसंख्या</u>

321] बेंच ग्राइंडर का उपयोग किसके लिए किया जाता है

ए] हैवी ड्यूटी वर्क

बी] भारी और हल्का कर्तव्य कार्य

<u>सी] लाइटड्यूटीवर्क</u>

डी] झाग का काम

322] बेंच ग्राइंडर a . पर लगे होते हैं

ए] बेस

<u>बी] टेबल]</u>

सी] व्हील गार्ड

डी] कन्वेयर

323] निम्नलिखित में से कौन सबसे अधिक इस्तेमाल की जाने वाली प्रेसिजन ग्राइंडिंग मशीन है?

ए] भूतल ग्राइंडर

बी] टूल कटर ग्राइंडर

सी] बेलनाकार ग्राइंडर

<u>डी] येसभी</u>

324] सरफेस ग्राइंडिंग मशीन टेबल स्लाइड ----------

ए] 'टी' __ 50:

<u>बी] 'वी' स्लॉट</u>

सी] 'यू' स्लॉट

डी] रेडियल स्लॉट

325] सरफेस ग्राइंडर का उद्देश्य है

ए] घुमावदार सतह का उत्पादन करें

बी] सपाटसतहोंकाउत्पादनकरें

सी] बेलनाकार सतह का उत्पादन करें

डी] असमान सतह का उत्पादन करें

326] बेलनाकार पीस का उत्पादन हो सकता है

ए] सादा, सिलेंडरऔरकदमरखा

बी] योजना, पतला और सिलेंडर

सी] सिलेंडर, पतला और कदम रखा

327] मिलिंग कटर को तेज करने के लिए टूल और कटर ग्राइंडर पर किस प्रकार के ग्राइंडिंग व्हील का उपयोग किया जाता है?

ए] सीधे कप व्हील

बी] जगमगाताहुआकपपहिया

सी] डिश व्हील

डी] तश्तरी पहिया

328] मुख्य रूप से मिलिंग कटर और रीमर को तेज करने के लिए टूल और कटर ग्राइंडर पर उपयोग किया जाता है

ए] सीधे कप

बी] हारिंगकप

सी] डिशो

डी] दोनों पक्षों को रिकवर किया

329] कटर पीसने के लिए हीरे के पहिये का उपयोग करते समय, 1600/मिमी की एक पहिया गति की सिफारिश की जाती है] कट की गहराई कितनी होनी चाहिए?

ए] 0005-0025 मिमी

बी] 0025-004 मिमी

सी] 004-005 मिमी

डी] 005-005 मिमी

330] निम्नलिखित में से कौन सी सटीक पीसने की मशीन है?

ए] पेडस्टल पीसने की मशीन

सी] बेलनाकारसतहऔरउपकरणऔरकटरपीसनेकीमशीन

बी] बेंच पीसने की मशीन

डी] हाथ पीसने की मशीन

331] TOOL और कटर को पुनः आकार दिया जाता है -------------

ए] सतह पीसने की मशीन

बी] उपकरणऔरकटरपीसनेकीमशीन

सी] बेलनाकार पीसने की मशीन

डी] रोटरी पीसने की मशीन

332] एक उपकरण और कटर ग्राइंडर के उस हिस्से का नाम बताइए जिस पर व्हील हेड लगाया जा रहा है]

ए] बेस

बी] सैडल

सी] कॉलम

डी] टेबल

333] दोषपूर्ण केंद्र छिद्रों के कारण त्रुटि को _________ के संचालन द्वारा समाप्त किया जाता है

ए] सतह की चक्की

B] सेंटर-लेसग्राइंडर

सी] टूल और कटर ग्राइंडर

डी] बेलनाकार ग्राइंडर

334] सेंटर लेस ग्राइंडिंग में वर्कपीस किस पर टिका होता है -----

ए] चक का केंद्र

बी] फेस प्लेट

सी] आरामब्लेड

डी] इनमें से अली

335] निम्न में से कौन सा सेंटर ग्राइंडिंग का लाभ नहीं है?

ए] लोडिंग और अनलोडिंग के दौरान दुःख के टुकड़े को आसानी से संभालना

बी] लंबे काम के टुकड़ों को संभालना

सी] शाफ्ट और भंगुर काम के टुकड़े दोनों को संभाला जा सकता है

डी] कमपीसनेकीगति

336] सीधी भूमि की सतह को उपकरण और कटर ग्राइंडर द्वारा काटा जाता है -----------------

ए] सादा पहिया

बी] कपव्हील

सी] शंक्वाकार पहिया

डी] डिस्क व्हील

337] अनियमित, घुमावदार, पतला, उत्तल और अवतल सतहों को पीसने में, प्रयुक्त ग्राइंडर ~ . है

ए] बेलनाकार ग्राइंडर

बी] आंतरिक चक्की

सी] सतह की चक्की

डी] टूलऔरकटरग्राइंडर]

338] मिलिंग कटर/ड्रिल/हॉब्स/ब्रोच टूल को शार्प करने के लिए किस प्रकार की ग्राइंडिंग मशीन का उपयोग किया जाता है?

ए] चकिंग]

बी] उपकरणऔरकटर

सी] केंद्र कम

डी] बेंच

339] मिलिंग टूल्स को शार्प करने के लिए किस प्रकार की ग्राइंडिंग मशीन का उपयोग किया जाता है?

ए] चकिंग]

बी] उपकरणऔरकटर

सी] केंद्र कम

डी] बेंच

340] टूल और कटर ग्राइंडर में मिलिंग कटर को फिर से शार्प करने के लिए कौन सा ग्राइंडिंग व्हील उपयुक्त आकार का है?

ए] पीस व्हील का 35 ग्रिट आकार

बी] पीस व्हील का 46 ग्रिट आकार

C] ग्राइंडिंगव्हीलका 60 ग्रिटआकार

डी] ग्राइंडिंग व्हील का 80 ग्रिट आकार

341] एक 10 मिमी एमएस प्लेट को काटने के लिए एसिटिलीन गैस का दबाव है...

ए] 015 किग्रा/सेमी2

बी] 05 किग्रा/सेमी2

सी] 10 किग्रा/सेमी2

डी] 15 किग्रा/सेमी2

342] 10 मिमी मोटी माइल्ड स्टील काटने के लिए आप किस आकार के कटिंग नोजल का चयन करेंगे?

ए] 08 मिमी

बी] 12 मिमी

सी] 16 मिमी

डी] 20 मिमी

343] दायीं ओर वेल्डिंग तकनीक के मामले में फिलर रॉड का कोण है...

ए] 10 से 20◦

बी] 20 से 30◦

सी] 30 से 40◦

डी] 40 से 50◦

344] गैस वेल्डिंग की उच्च दबाव प्रणाली के लाभों में से एक है...

ए] यह सस्ता है

बी] यहपोर्टेबलहै

सी] यह कम खतरनाक है

डी] इसके लिए एक कुशल वेल्डर की आवश्यकता नहीं है

345] गैस नियामक का कार्य है...

ए] विभिन्न प्रकार की लपटें प्राप्त करें

बी] गैसों को आवश्यक अनुपात में मिलाएं

C] ब्लो पाइप में बहने वाली गैस का आयतन बदलें

डी] कामकादबावसेटकरें

346] गैस द्वारा एक लैप पट्टिका जोड़ को ऊर्ध्वाधर स्थिति में वेल्ड करने के लिए वेल्ड की रेखा के नीचे पाइप का कोण क्या होना चाहिए?

ए] 30◦ से 40◦

बी] 45◦ से 50◦

सी] 60◦ से 70◦

डी] 75◦ से 80◦

347] विस्फोटों से बचने के लिए एसिटिलीन गैस को पारित करने के लिए किस धातु के पाइप का उपयोग नहीं किया जाना चाहिए?

ए] जस्ती लोहा

बी] स्टेनलेस स्टील

सी] हल्के स्टील

डी] सहयोग

348] एसिटिलीन गैस में कार्बन का प्रतिशत है...

ए] 99%

बी] 923%

सी] 891%

डी] 853%

349] एसिटिलीन गैस में होता है

ए] कैल्शियम, कार्बन और हाइड्रोजन

बी] कैल्शियम और हाइड्रोजन

सी] कैल्शियम, कार्बन, हाइड्रोजन और ऑक्सीजन

डी] कार्बनऔरहाइड्रोजन

250] एक एसिटिलीन शोधक में सल्फरेटेड और फॉस्फोरेटेड हाइड्रोजन को किसके द्वारा हटा दिया जाता है...

ए] झांवा

बी] पानी

सी] फ़िल्टर ऊन

डी] शुद्धकरनेवालेरसायन

351] गैस वेल्डिंग में फ्लक्स का एक कार्य है...

ए] धातुआक्साइडभंग

बी] मानसिक के गलनांक को कम करें

सी] लौ का तापमान बढ़ाएं

डी] जड़ पैठ बढ़ाएँ

352] निम्नलिखित में से किस कारक पर गैस वेल्डिंग के लिए फ्लक्स का चुनाव निर्भर करता है?

ए] शामिलहोनेवालीसामग्रीकाप्रकार

बी] किनारे के प्रवेश का प्रकार

सी] ईंधन गैस का प्रकार

डी] इस्तेमाल की जाने वाली लौ का प्रकार

353] एक 300 मिमी लंबे तांबे के बट संयुक्त गैस वेल्डिंग के लिए आवश्यक विचलन भत्ता है...

ए] 1 से 2 मिमी

बी] 2 से 3 मिमी

सी] 3 से 4 मिमी

डी] 4 से 5 मिमी

354] 4 मिमी मोटे तांबे के बट के जोड़ में गैस वेल्डिंग के लिए की जाने वाली बढ़त की तैयारी है...

ए] सिंगल बेवेल

बी] सिंगलवी

सी] डबल वी

डी] वर्ग

355] 315 मिमी मोटी एल्यूमीनियम बट जोड़ को गैस वेल्ड करने के लिए इस्तेमाल किए जाने वाले नोजल का आकार है...

ए] 13

बी] 10

सी] 7

डी] 5

356] एल्युमिनियम की गैस वेल्डिंग के लिए प्रीहीटिंग तापमान का मान क्या है?

ए] 100 से 120◦C

बी] 150 से 180◦C

सी] 180 से 200◦C

डी] 210 से 250◦C

357] एक पाइप टी जोड़ के लीक प्रूफ जोड़ों को बनाने और खत्म करने के लिए इस्तेमाल किए जाने वाले उपकरण का नाम बताएं

ए] ग्रोवर

बी] हथौड़ा स्थापित करना

सी] क्रीजिंग हैमर

डी] राउंड बॉटम स्टेक

358] सिंगल वी के वी ग्रूव का कोण लेकिन कच्चा लोहा वेल्डिंग के लिए जोड़ है...

ए] 60◦

बी] 70◦

सी] 80◦

डी] 90◦

359] परिरक्षित धातु चाप वेल्डिंग की प्रक्रिया के तहत वर्गीकृत किया गया है...

ए] विद्युत प्रतिरोध वेल्डिंग

बी] विशेष वेल्डिंग

सी] इलेक्ट्रिकआर्कवेल्डिंग

डी] इलेक्ट्रो गैस वेल्डिंग

360] इलेक्ट्रोड धारक का आकार कैसे निर्दिष्ट करें?

ए] इसके वजन से

बी] इसके आकार से

सी] इसकीवर्तमानवहनक्षमताद्वारा

D] इसे बनाने के लिए प्रयुक्त धातु द्वारा

361] एक 315 मिमी मध्यम लेपित हल्के स्टील इलेक्ट्रोड के लिए वर्तमान सेट है...

ए] 50 से 80 एम्पीयर

बी] 90 से 120 एम्पीयर

सी] 120 से 150 amp

डी] 150 से 170 एम्पीयर

362] एक लंबे चाप का प्रयोग किया जाता है...

ए] कम हाइड्रोजन इलेक्ट्रोड के साथ वेल्डिंग

बी] क्षैतिज स्थिति

सी] प्लगयास्लॉटवेल्डिंग

डी] कच्चा लोहा वेल्डिंग

363] यदि इलेक्ट्रोड की यात्रा की गति अधिक है, तो टी पट्टिका जोड़ पर आपको किस प्रकार का वेल्ड दोष मिलेगा?

ए] ओवरलैप

बी] लावा शामिल करना

सी] अत्यधिक सुदृढीकरण

डी] जड़प्रवेशकीकमी

364] कवरिंग/फाइनल रन में इलेक्ट्रोड की अनुचित बुनाई के कारण लैप फिलेट जोड़ पर कौन सा वेल्ड दोष होता है?

एक दरार

बी] अंडरकट

सी] संलयन की कमी

D] प्लेटकाकिनारापिघलगया

365] ऑक्सी-आर्क काटने की प्रक्रिया में निम्नलिखित में से किसका उपयोग किया जाता है?

ए] फ्लक्स लेपित ठोस इलेक्ट्रोड

बी] नंगे तार ट्यूबलर इलेक्ट्रोड

सी] फ्लक्सलेपितट्यूबलरइलेक्ट्रोड

डी] नंगे टंगस्टन चाप काटने इलेक्ट्रोड

366] कार्बन आर्क काटने के उपकरण में इलेक्ट्रोड धारक का बना होता है...

ए] सादा कार्बन स्टील

बी] जस्ती लोहा

सी] एल्यूमीनियम

डी] तांबा

.

औद्योगिक प्रशिक्षण संस्थान

मासिक टेस्ट-1, अंक- 20, दिनांक:- ________________

(प्रत्येक प्रश्न दो अंक का होता है)

01] रक्तस्रावकेमामलेमें, उपचारकरें .

ए] ठंडे पानी का छिड़काव करें

बी] तुरंत पट्टी -----]

सी] दुर्घटना विचार उपचार के बारे में पूछताछ

डी] ठंडा 3" और आराम

02] दुर्घटनाकीस्थितिमेंपीड़ितको

ए] आराम करने के लिए कहा

सी] तुरंत भाग लिया

डी] उसे छोड़ दो

03] प्राथमिकरूपसेघायलयाबीमारव्यक्तिकोप्राथमिकउपचारदियाजाताहै....

ए] जीवन बचाओ

बी] मफ की और गिरावट को रोकें

सी] सर्वोत्तम संभव आराम दें

डी] ये सभी

04] बेकारकागजकोअलगकरनेकेलिएडिब्बेकारंगकोडहै -----

ए] नीला रंग

बी] पीला रंग

सी] लाल रंग

डी] हरा रंग

05] जापानीमें Seiko काअर्थ -------------- **होताहै**

ए] शाइन

बी] क्रमबद्ध करें

सी] मानकीकरण

डी] सस्टेनेबल

06] एसएसप्रणालीकालाभहै ------

ए] उत्पादकता में वृद्धि

बी] गुणवत्ता में वृद्धि

सी] समय की बर्बादी में कमी

डी] ये सभी

07] सुरक्षाहै -----------

ए] किसी का व्यवसाय नहीं

बी] हर बॉडी बिजनेस

सी] कुछ निकायों का व्यवसाय

डी] संगठन व्यवसाय

08] सुरक्षासंकेतोंकीबुनियादीश्रेणियोंकेलिएउपलब्धहैं "निषेध" चिह्नकाअर्थ ----

ए] दिखाता है कि यह नहीं किया जाना चाहिए

बी] दिखाता है कि क्या किया जाना चाहिए

सी] खतरे या खतरे की चेतावनी देता है

डी] सुरक्षा प्रावधान की जानकारी देता है

09] कौनसीवर्कशॉपसेफ्टीहै?

ए] दुकान के फर्श को साफ और ग्रीस, तेल या अन्य फिसलन सामग्री से मुक्त रखें

बी] गति बदलने से पहले मशीन बंद करो

सी] फटे या चिपके हुए औजारों का प्रयोग न करें

D] चल रही मशीन को हाथ से रोकने की कोशिश न करें

10] पर्सनलप्रोटेक्टइक्विपमेंट (PPE) में HELMET काउपयोगकियाजाताहै

ए] सिर की रक्षा करें

बी] आंखों की रक्षा करें

सी] हाथों की रक्षा करें

डी] कानों की रक्षा करें

औद्योगिक प्रशिक्षण संस्थान

मासिक टेस्ट -2, अंक- 20, तिथि:- ______________

(प्रत्येक प्रश्न दो अंक का होता है)

1-17]

सामान्यआगकोबुझानेकेलिएकिसप्रकारकेअग्निशामकयंत्रकाउपयोगकियाजाताहै?

ए] जल प्रकार बुझाने वाला

बी] फोम प्रकार बुझाने वाला

सी] शुष्क रासायनिक पाउडर एक्सटिंगुइशर

डी] कार्बन डाइऑक्साइड (C02] बुझाने वाला)

2-18] एकमाइक्रोमीटर (U) बराबरहोताहै...

ए] 0.1 मिमी

बी] 0.01 मिमी

सी] 0.001 मिमी

डी] 0.0001 मिमी

3-19] पाइपटीजोड़केलीकप्रूफजोड़ोंकोबनानेऔरखत्मकरनेके लिएउपयोगकिएजानेवालेउपकरणकानामबताएं

ए] ग्रोवर

बी] हथौड़ा स्थापित करना

सी] क्रीजिंग हैमर

डी] राउंड बॉटम स्टेक

4-20] हथौड़ेकेहैंडलकोठीककरनेकेलिएप्रयुक्तहथौड़ेकाभागहै...

एक चेहरा

बी] पीन

सी] गाल

डी] आँख का छेद

5-21] अंकनकेउद्देश्यकेलिएहथौड़ेकावजनहै...

ए] 250g

बी] 500g

सी] 1 किलो

डी] 2 किग्रा

6-22] छोटेछिद्रोंकोकाटनेकेलिएकिसप्रकारकीपंचऔरडाई प्रकारकीमशीनकाउपयोगकियाजाताहै?

ए] कतरनी प्रकार निबलर

बी] पंच प्रकार निबलर

सी] परिपत्र काटने की मशीन

डी] गिलोटिन बाल काटना मशीन

7-23] स्क्राइबरकिससेबनेहोतेहैं...

ए] माइल्ड स्टील

बी] उच्च कार्बन स्टील

सी] पीतल

डी] कच्चा लोहा

8-24] एकइंजीनियरकेवाइसकाआकारकिसकेद्वारानिर्दिष्टकियाजाताहै...

ए] जंगम जबड़े की लंबाई

बी] जबड़े की चौड़ाई

सी] वाइस की ऊंचाई

D] जबड़ों का अधिकतम खुलना

9-25] बढ़ईमेंप्रयुक्तहोनेवालेधागेकारूपहै...

एक वर्ग

बी] एक्मे धागा

सी] सॉवोथ थ्रेड

डी] अंगुली धागा

10-26] फाइलोंकीउत्तलतामददकरतीहै...

ए] अवतल सतहों को फाइल करने के लिए

बी] उत्तल सतहों को फाइल करने के लिए

सी] काम के किनारों को गोल करने से रोकने के लिए

D] दबाव डालने पर फाइल सीधी हो जाती है

औद्योगिक प्रशिक्षण संस्थान

मासिक टेस्ट-3, अंक- 20, दिनांक:- ____________________

(प्रत्येक प्रश्न दो अंक का होता है)

1-33] 'वी' ब्लॉकबनानेमेंकच्चालोहाइस्तेमालकरनेकाकारण

ए] ब्लॉक का वजन बढ़ाने के लिए

बी] लागत को कम करने के लिए

सी] घर्षण को कम करने के लिए

डी] एक अच्छी उपस्थिति पाने के लिए

2-34] पतलीट्यूबिंगकाटनेकेलिए, हैक्सॉब्लेडकीसबसेउपयुक्तपिचहै...

ए] 1.8 मिमी

बी] 1.4 मिमी

सी] 1 मिमी

डी] 0.8 मिमी

3-35] ठोसपीतलकाटनेकेलिए, हैक्सॉब्लेडकीसबसेउपयुक्तपिचहै...

ए] 1.8 मिमी

बी] 1.4 मिमी

सी] 1 मिमी

डी] 0.8 मिमी

4-36] एकनयाहैक्सॉब्लेडकुछस्ट्रोककेबाददढीलाहोजाताहैक्योंकि...

ए] ब्लेड का खिंचाव

बी] विंग-अखरोट के धागे खराब हो रहे हैं

सी] ब्लेड की गलत पिच

डी] आरी के सेट का अनुचित चयन।

5-37] छोटेव्यासकेपाइपोंकोकाटतेसमयनियमितरूपसे देखनेऔरयहसुनिश्चितकरनेकीसलाहदीजातीहैकि...

ए] कट घुमावदार रेखा के साथ है

बी] अधिक देखा दांत अनुबंध में हैं

सी] काम ज़्यादा गरम नहीं है

डी] हैकसॉ का उचित संतुलन बनाए रखा जाता है

6-38] यदिड्रिलअसत्यचलतीहै, तोयहहोगा

ए] बहुत गर्म हो जाओ

बी] अंडरसाइज काटें

सी] धुरी को विकृत करें

D] एक बड़े छेद को काटें

7-39] ड्रिलकोबहुततेजीसेचलानेसेकईपरिणाममिलतेहैं

ए] अत्याधुनिक को खराब करना

बी] खराब सतह खत्म

सी] तांग को घुमाते हुए

डी] अंडाकार छेद ड्रिलिंग

8-40] घिसी-पिटीजमीनकेसाथएकड्रिल

ए] ड्रिल होल ओवरसाइज

बी] ड्रिल होल अंडरसाइज

सी] केंद्र से बाहर भागो

डी] एक सटीक छेद ड्रिल करें

9-41] खरादपरउपयोगकिएजानेवालेअभ्यासोंपरप्रदानकियागयामोर्सटेपरकेबीचहोताहै

ए] एमटी1 से एमटी5

बी] एमटी1 से एमटी4

सी] एमटी0 से एमटी5

डी] एमटी0 से एमटी4

10-42] छोटीसीड्रिलकोकाममेंबहुततेजीसेडालनेकापरिणामहोसकताहै

ए] ड्रिल तोड़ना

बी] ड्रिल झुकना

सी] अंडाकार आकार का छेद काटना

डी] उत्पादन में वृद्धि

औद्योगिक प्रशिक्षण संस्थान

मासिक टेस्ट -4, अंक- 20, दिनांक:- ________________

(प्रत्येक प्रश्न दो अंक का होता है)

1-50] अभ्यासकाबिंदुकोणनिर्भरकरताहै...

ए] ड्रिल का आकार

बी] मशीन का प्रकार

सी] कामकीसामग्री

डी] ड्रिल का आरपीएम

2-51] एकमानकड्रिलकेलिएबिंदुकोणहै...

ए] 60◦

बी] 108◦

सी] 118◦

डी] 135◦

3-52] पेचदारकोणनिर्धारितकरताहै...

ए] कटिंग एंगल

बी] कोण चबाना

सी] रेककोण

डी] होंठ कोण

4-53] ड्रिलकानिकासीकोणकिसकेबीचहै...

ए] 3◦ से 5◦

बी] 8◦ से 12◦

सी] 12◦ से 20◦

डी] 15◦ से 20◦

5-54] कटिंगएजकेपीछेदिएगएरिलीफएंगलकोकहाजाताहै।

ए] बिंदु कोण

बी] छेनी किनारे का कोण

सी] हेलिक्स कोण

डी] निकासीकोण

6-55] संख्याड्रिलश्रृंखलाकेएकसेटमेंनिम्नलिखितश्रेणियोंमेंअभ्यासशामिलहैं] सहीसीमाकासंकेतदें

ए] 1 से 40

बी] 1 से 50

सी] 1 से 80

डी] 1 से 100

7-56] संख्याड्रिलश्रृंखलामें, सबसेछोटाड्रिलआकारहै...

ए] 0.1 मिमी

बी] 0.35 मिमी

सी] 0.5 मिमी

डी] 0.52 मिमी

8-57] संख्याड्रिलश्रृंखलामें, सबसेबड़ाड्रिलआकारहै...

ए] 102 मिमी

बी] 5.791 मिमी

सी] 5.613 मिमी

डी] 5.410 मिमी

9-58] अक्षरड्रिलश्रृंखलामें, ड्रिल 'ए' का आकार बराबर है ...

ए] 13 मिमी

बी] 6.08 मिमी

सी] 6.045 मिमी

डी] 5.944 मिमी

10-59] अक्षरड्रिलश्रृंखलामें, सबसेबड़ाड्रिलआकारबराबरहोताहै...

ए] 10.33 मिमी

बी] 10.490 मिमी

सी] 12.01 मिमी

डी] 15.00 मिमी

औद्योगिक प्रशिक्षण संस्थान

मासिक टेस्ट -5, अंक- 20, तिथि:- _______________

(प्रत्येक प्रश्न दो अंक का होता है)

1-66] निम्नलिखितमेंसेकौनखरादकेकामकेलिएसबसेउपयुक्तनलहै?

ए] सर्पिल टैप

बी] मशीन टैप

सी] हाथ टैप

डी] बाएं हाथ का नल

2-67] एकपासेको a . सेघुमायाजाताहै

ए] डाई रिंच

बी] डाइस्टॉक

सी] मरने की थाली

डी] डाई हैंडल

3-68] एकगिलासगियरइकाईमेंहै

ए] सिंगल गियर

बी] दो गियर

सी] तीन गियर

डी] चार गियर

4-69] एकठोसउपकरणकाअत्याधुनिकउपकरणकिससेबनाहोताहै?

ए] कार्बन स्टील

बी] हल्के स्टील

सी] सुपर हाई स्पीड स्टील

डी] स्टेलाइट

5-70] सीमेंटेडकार्बाइडथ्रेडिंगटूलकासिराहै

ए] ब्रेज़्ड

बी] वेल्डेड

सी] मिलाप

D] टांग से जकड़ा हुआ

6-71] उपकरणकामकीसतहोंकेखिलाफरगड़ेगाऔरकाटनेकीशक्तिबढ़जातीहैजब ..

ए] निकासी कोण अधिक है

बी] निकासी परी कम है

सी] रेक कोण अधिक है

D] रेक कोण कम होता है

7-72] काटतेसमयचिपकानिर्माणकिसपरआधारितहोताहै?...

A] टूल का रेक एंगल

बी] उपकरण का निकासी कोण

C] टूल का वेज एंगल

डी] टूल का क्लीयरेंस और वेज एंगल

8-73] ड्रिलिंगमशीनमेंमाइल्डस्टीलकीड्रिलिंगकेलिएउपयुक्तकटिंगफ्लुइडहै...

ए] सिंथेटिक घुलनशील तेल

बी] साफ तेल

सी] आसुत जल

डी] घुलनशील तेल

9-74] सेंटरड्रिलिंगकिसकाऑपरेशनहै...

ए] ड्रिलिंग और काउंटरसिंकिंग

बी] ड्रिलिंग और काउंटर बोरिंग

सी] ड्रिलिंग से पहले केंद्र के स्थान को चिह्नित करना

D] छेद के व्यास को बढ़ाना

10-75] शाफ्टसिरोंकोकेंद्रमेंड्रिलकियाजाताहै ...

ए] केंद्रों के बीच सहायक नौकरियां

बी] मृत केंद्र को लुब्रिकेट करना

सी] वजन कम करना

डी] सहायक काउंटर बोरिंग

औद्योगिक प्रशिक्षण संस्थान

मासिक टेस्ट -6, अंक- 20, तिथि:- ______________

(प्रत्येक प्रश्न दो अंक का होता है)

1-80] सॉकेटस्क्रूहेडकोसमायोजितकरनेकेलिएछेदकेसिरेकोबड़ाकरनेकीप्रक्रियाहै...

ए] रीमिंग

बी] स्पॉट फेसिंग

सी] काउंटर बोरिंग

डी] काउंटर सिंकिंग

2-81]किसीदिएगएव्यासकोउबाऊकरनेकेलिएएकउबाऊउपकरणचुनतेसमय, चुनें

ए] एक लंबा उपकरण

बी] एक छोटा उपकरण

सी] एक लंबा और मोटा उपकरण

डी] एक छोटा और मोटा उपकरण

3-82] बोरिंगटूलकेकटिंगएजकोएकछोटेसेछेदकेलिएसेटकियाजानाचाहिएताकिवह

ए] केंद्र से 0.5 मिमी ऊपर

बी] केंद्र के नीचे 0.5 मिमी

सी] केंद्र से 1 मिमी ऊपर

डी] सटीक केंद्र में

4-83] ऊबड़-खाबड़छिद्रोंकोकाउपयोगकरकेचम्फरकियाजानाहै

ए] एक ड्रिल

बी] त्रिकोणीय खुरचनी

सी] एक क्रैंक बोरिंग टूल

डी] एक फ्लैट फ़ाइल

5-84] गहरेछेदोंकोखोदनेकेलिएइस्तेमालकियाजानेवालाउपकरणहै a

ए] खराद खराद का धुरा

बी] आस्तीन

सी] ड्रिल

डी] बरमा बिट

6-85] रफबोरिंगकेलिएकटिंगस्पीडहै

ए] किसी न किसी मोड़ के समान

बी] ड्रिलिंग के समान

सी] नूरलिंग के समान

डी] धागा काटने के समान

7-86] रिएमरकाप्रयोगकियाजाताहै...

ए] पतली चादरों में ड्रिलिंग छेद

बी] गहरे छेद ड्रिलिंग

सी] गड़गड़ाहट हटाना

डी] छेद बढ़ाना और खत्म करना

8-87] रीमरकेदांतअसमानरूपसेफैलेहुएहैंक्योंकि...

ए] वे निर्माण में आसान हैं

बी] वे बकबक को कम कर सकते हैं

C] ये धातु को धीरे-धीरे काटने में मदद करते हैं

डी] वे आसानी से रिएमर को हटाने में मदद करते हैं

9-88] निम्नलिखितमेंसेकौनरीमरकीक्षमतानहींहै?

ए] छोटे छेदों को खत्म करना

बी] किसी भी मशीनी प्रोफाइल को खत्म करना

सी] करीब सीमा तक सटीकता

डी] उच्च गुणवत्ता वाले सतह खत्म का उत्पादन

10-89] किसीभीकाटनेवालेद्रवकासबसेमहत्वपूर्णगुणहै

ए] पायसीकरण

बी] विशिष्ट गर्मी

सी] विशिष्ट गुरुत्व

डी] चिपचिपापन

औद्योगिक प्रशिक्षण संस्थान

मासिक टेस्ट-7, अंक- 20, दिनांक:- ____________________

(प्रत्येक प्रश्न दो अंक का होता है)

1-95] कटकीगहराईकिसकेद्वारादीगईहै

ए] शीर्ष स्लाइड

बी] क्रॉस-स्लाइड

सी] यौगिक स्लाइड

डी] उपकरण को समायोजित करना

2-96] लेथचककोमाउंटकरनेकेलिए

ए] इसे हाथ से शुरू करें और फिर बिजली चालू करें

बी] इसे शक्ति द्वारा माउंट करें

सी] इसे हाथ से माउंट करें

D] हथौड़े की सहायता से इसे माउंट करें

3-97] खरादपरउपयोगकिएजानेवालेड्रिलपरप्रदानकियागयामोर्सटेपरकेबीचहोताहै

ए] एमटी1 से एमटी5

बी] एमटी1 से एमटी4

सी] एमटी0 से एमटी5

डी] एमटी0 से एमटी4

4-98] छोटीसीड्रिलकोकाममेंबहुततेजीसेडालनेकापरिणामहोसकताहै

ए] ड्रिल तोड़ना

बी] ड्रिल झुकना

सी] अंडाकार आकार का छेद काटना

डी] उत्पादन में वृद्धि

5-99] ट्विस्टड्रिलमेंबांसुरीकीसंख्याहोतीहै --------

ए] 1

बी] 2

सी] 3

डी] 4

6-100] निम्नलिखितमेंसेकौनसीड्रिलिंगमशीनकाउपयोग ड्रिलिंगछेदकेलिएकियाजाताहैजहांबिजलीउपलब्धनहींहोतीहै?

ए] बेंच ड्रिलिंग मशीन

बी] स्तंभ ड्रिलिंग मशीन

सी] रीडायल ड्रिलिंग मशीन

डी] शाफ़्ट ड्रिलिंग मशीन

7-101] निम्नलिखितमेंसेकिसड्रिलिंगमशीनकाउपयोगभारीकामकेलिएकियाजाताहै?

ए] बेंच ड्रिलिंग मशीन

बी] स्तंभ ड्रिलिंग मशीन

सी] रेडियल ड्रिलिंग मशीन

डी] इलेक्ट्रिक हैंड ड्रिलिंग मशीन

8-102] खरादमेंमाइल्डस्टीलकीड्रिलिंगकेलिएउपयुक्तकटिंगफ्लुइडहै

ए] सिंथेटिक घुलनशील तेल

बी] साफ काटने वाला तेल

सी] आसुत जल

डी] घुलनशील तेल + पानी

9-103] सटीकपीसनेकेलिएउपयुक्तकाटनेवालातरलपदार्थहै

ए] घुलनशील तेल

बी] सिंथेटिक घुलनशील तेल

सी] साफ तेल

डी] सर्वो कट्स'

10-104] ग्राइंडिंगऑपरेशनकेदौरानकटिंगफ्लुइडकाउपयोगकरनेकालाभहै ------

ए] 5000 सतह खत्म

बी] काटने वाले बलों में कमी

C] वर्कपीस के सख्त होने में कमी

डी] ये सभी]

औद्योगिक प्रशिक्षण संस्थान

मासिक टेस्ट -8, अंक- 20, तिथि:- ________________

(प्रत्येक प्रश्न दो अंक का होता है)

1-110] फेस प्लेट के साथ उपयोग की जाने वाली सही कोण प्लेट कौन सी है

(ए) ठोस प्रकार

(बी) बॉक्स प्रकार

(सी) समायोज्य प्रकार

(डी) उनमें से कोई नहीं

2-111] फेस प्लेट किससे बनी होती है......]

(ए) हल्के स्टील

(बी) कास्ट आयरन

(सी) पीतल

(डी) एल्यूमिनियम

3-112] ऑड और असमान जॉब टर्निंग के लिए निम्नलिखित में से कौन सा सहायक उपकरण उपयोग किया जाता है?

(ए) तीन जबड़े चक

(बी) दो जबड़े चक

(सी) ड्राइविंग प्लेट

(डी) फेस प्लेट

4-113] एकअनियमितआकारकेवर्कपीसकोखरादपरघुमायाजाताहै] निम्नलिखितमेंसेकिसवर्किंगएक्सेसरीजकाउपयोगकियाजाताहै?

ए] दो जबड़े चक

बी] तीन जबड़े चक

सी] ड्राइविंग प्लेट

डी] फेस प्लेट

5-114]स्थिरविश्रामकेपैडकिससेबनेहोतेहैं

ए] कार्बन स्टील

बी] सीसा

सी] हल्के स्टील

डी] पीतल

6- 115] एकस्थिरविश्रामकाउपयोगकियाजाताहै

ए] नौकरी रखने के लिए

बी] फेस प्लेट के काम के लिए

सी] नौकरी चलाने के लिए

डी] नौकरी का समर्थन करने के लिए

7-116] परएकअनुयायीस्थिररखाजाताहै

ए] खराद बिस्तर

बी] खराद गाड़ी

सी] खराद धुरी

डी] टेलस्टॉक

8-117] लंबे काम के टुकड़ों को मोड़ते समय, निम्नलिखित का उपयोग किया जाता है

एक आस्तीन

बी गियर बदलें

सी स्थिर आराम

डी ब्रैकेट]

9-118] नूरलिंगऑपरेशनकियाजाताहै

ए] धुरी गति मोड़ना

बी] उच्च धुरी गति

सी] 1/3 टर्निंग स्पिंडल स्पीड

डी] 1⁄2 टर्निंग स्पिंडल स्पीड

10-119] नूरलिंगकिसकाऑपरेशनहै?

ए] बाल काटना

बी] गठन

सी] मोड़

डी] दबाने

औद्योगिक प्रशिक्षण संस्थान

मासिक टेस्ट-9, अंक- 20, दिनांक:- ____________________

(प्रत्येक प्रश्न दो अंक का होता है)

1-125] बीआईएसमेंमूलभूतविचलनकीसंख्या] प्रणालीहैं

ए] 20

बी] 22

सी] 25

डी] 28

2-126] बीआईएसप्रणालीमेंसहनशीलताकेग्रेडकीसंख्या] प्रणालीहैं

ए] 12

बी] 16

सी] 18

डी] 20

3-127] जिसआकारकेआधारपरविमीयविचलनदिएजातेहैं, उसेकहतेहैं...

ए] वास्तविक आकार

बी] मूल आकार

सी] आकार की न्यूनतम सीमा

डी] आकार की अधिकतम सीमा

4-128] इंटरचेंज क्षमता गुण प्रदान करने के लिए .....] द्वारा बनाए गए भागों का आकार] (ए) मापन प्रणाली

(बी) परीक्षण और त्रुटि प्रणाली

(सी) सीमा और सहिष्णुता प्रणाली

(डी) उनमें से कोई नहीं

5-129] आपका कार्य टेपर सही है यदि इसे मापा जाए

उच्च सीमा से ऊपर

बी उच्च और निचली सीमा के बीच

सी निचली सीमा से नीचे]

6- 130] जबमूलआयामकेएकपक्षमेंसहिष्णुतादीजातीहै, तोउसे -------- कहतेहैं

ए]। सहिष्णुता प्रणाली

बी] एकतरफा सहिष्णुता

सी] द्विपक्षीय सहिष्णुता

डी] भत्ता प्रणाली

7-131] एकआयामकेरूपमेंकहागयाहै (एकड्राइंगमें 025 एच7) निचलीसीमाहै -----------

ए] 24.75 मिमी

बी] 24.85 मिमी

सी] 25.00 मिमी

डी] 25-021 मिमी

8-132] एकघटककेआयामोंकामापाआकारजिसे -------- कहाजाताहै

ए] मूल आकार

बी] नाममात्र का आकार

सी] अनुमत आकार

डी] वास्तविक आकार

9-133] ड्राइंगमेंशाफ्टकेआयाम 40i 0068/0042 दिखाएगएहैं, सहनशीलताकेभीतरशाफ्टकाआकारकौनसाहै?

ए] 4.0.64 मिमी

बी] 40.042 मिमी

सी] 40,000 मिमी

डी] 39.98 मिमी

10-134] इनहोलबेसिकसिस्टम ----------

ए] शाफ्ट का आकार स्थिर बना दिया जाता है

बी] छेद का आकार स्थिर बना दिया जाता है

सी] केवल 'भत्ता छेद पर दिया जाता है'

औद्योगिक प्रशिक्षण संस्थान

मासिक टेस्ट-10, अंक- 20, दिनांक:- ____________________

(प्रत्येक प्रश्न दो अंक का होता है)

1-142] एकउत्पादकोगुणवत्तावालाकहाजाताहैजब ....]

ए] इसका आकार और आयाम सीमा के भीतर हैं

बी] यह उपयोग के लिए उपयुक्त है

सी] यह बहुत अच्छा प्रतीत होता है

डी] सामग्री का चुनाव सही है

2-143] होल'30 +0.021, 0.000 औरशाफ्ट 30 -0.110, 0.143 केबीचआवश्यकअधिकतमनिकासीहै।

ए] 0.110 मिमी '

बी]0.131 मिमी

सी] 0.164 मिमी

डी] 0.143 मिमी

3-144] एकड्राइंगमेंएकआयाम 25 .1002 मिमीबतायागयाहै] सहनशीलताक्याहै?

ए] +0.02 मिमी'

बी] +0.04 मिमी

सी] -0.02 मिमी

डी] 25.00 मिमी

4-145] एकछेदमेंएकपिनलगायाजाताहै] पिनकासहिष्णुताक्षेत्रपूरीतरहसेछेदकेऊपरहोताहै] प्राप्तफिटहोगा?

ए] क्लीयरेंस फिट

बी] संक्रमण फिट

सी] हस्तक्षेप फिट

डी] रनिंग फिट

5-146] आमतौरपरविनिमयक्षमताकेलिएप्रयोगकियाजाताहै? _

ए] भागों की मरम्मत

बी] बड़े पैमाने पर उत्पादन

सी] एकल टुकड़ा उत्पादन

डी] ये सभी

6-147] पार्टसाइज़कोसहनशीलतादीजातीहै............]

ए] आवश्यक अनुमेय आकार त्रुटि के भीतर भाग का उत्पादन

बी] उत्पादन बढ़ाएँ

सी] उत्पादन घटाएं

डी] घटकों को लगभग समाप्त करें

7-148]

निम्नलिखितमेंसेकौनसाक्लीयरेंससंपूर्णबुनियादीप्रणालीकेअंतर्गतफिटबैठताहै?

ए] 20 एच7/पी6'

बी] 2067/211

सी] ज़ोग / जीएल]

डी] 20एच/जी11]

8-149] बीआईएसप्रणालीकेअनुसारफिटकेतीनवर्गहैं ....] ~]

ए] क्लीयरेंस फिट, इंटरफेरेंस फिट और ट्रांजिशन फिट

बी] मध्यम फिट, पुश फिट और टाइट फिट

सी] फ्लैट फिट, गोल फिट और स्क्वायर फिट

डी] 'स्लाइडिंग फिट', लूज फिट और सिकुड़न फिट

9-150] निम्नलिखितसहिष्णुताविनिर्देशोंमेंसेकिसएककाअधिकतमआयाम 20 मिमीसेकमहै?

ए] 20 +0.2,-0.3

बी] 20 320.2

सी] 20 -0.2, 0.3 ई

डी] एम 20 +500, ~ 03

10-11] अधिकतमऔरन्यूनतमसीमाकेबीचअंतरहै -~-~-~-~-~-~-~ '

ए] एकल मुखबिर

बी] मूल शाफ्ट

सी] निकासी

डी] सहिष्णुता

औद्योगिक प्रशिक्षण संस्थान

मासिक टेस्ट-11, अंक- 20, दिनांक:- ____________________

(प्रत्येक प्रश्न दो अंक का होता है)

1-160] मुड़े हुए टेपरों की लंबाई की जाँच के साथ की जाती है

एक वर्नियर कैलिपर

बी माइक्रोमीटर

सी कॉलपर के अंदर

डी डायल टेस्ट इंडिकेटर]

2-161] कॉम] पाउंड स्लाइड का उपयोग करके टेपर टर्निंग के नुकसान हैं

ए] केवल लंबे टेपर चालू किए जा सकते हैं

बी] केवल बहुत बड़े टेपर को चालू किया जा सकता है

सी] फ़ीड में केवल मैनुअल संभव है

डी] कंपाउंड स्लाइड के प्रतिबंधों के कारण केवल छोटे टेपर चालू किए जा सकते हैं]

3-162] बाहरी टेपर की जाँच की जाती है

ए] प्लग गेज सीमित करें

बी] टेपर रिंग गेज

सी] टेपर प्लग गेज

डी] थ्रेड प्लग गेज]

4-163] खरादकोचालूकरनेवालेटेपरकाउपयोगहोताहै ----

ए] इकट्ठे भागों में ड्राइव संचारित करने में सहायता

बी] विधानसभा और भागों के जुदा करने के लिए प्रयुक्त

सी] इकट्ठे भागों में आत्म संरेखण दें

5-164] छोटीलंबाईकेटेपरकेउत्पादनकेबड़ेपैमानेपरउत्पादनमेंकिसप्रकारकीविधिकाउपयोगकियाजाताहै?

ए] फॉर्म टूल

बी] कंपाउंड स्लाइड

सी] टेलस्टॉक ऑफसेट।

डी] टेपर टर्निंग अटैचमेंट

6- 165] मोर्सस्टैंडर्डटेंपरअंतरराष्ट्रीयस्तरपरस्वीकृतमानकटेंपरमेंसेएकहै, जोसंख्यामेंउपलब्धहै ----------

ए]1to7

बी] 1 से 8

सी] ओ से 7

डी] 0 से 8

7-166] स्टीपटेपरकोकाटनेकेलिएकिसटेपरटर्निंगविधिकाउपयोगकियाजाताहै?

ए] विधि पर सेट करें

बी] टेपर टर्निंग अटैचमेंट

सी] फॉर्म टूल

D] कंपाउंड रेस्ट को घुमाना

8-167] मोर्सटेपरकाप्रयोगनिम्नमेंसेकिसमशीनकेपुर्जोंमेंकियाजाताहै -...

ए] खराद की धुरी

बी] ड्रिल मशीन की धुरी

सी] रीमर के शैंक्स

डी] ये सभी

9-168]

टेपरकेबड़ेपैमानेपरउत्पादनकेलिएनिम्नलिखितमेंसेकिसविधिकाउपयोगकियाजाताहै.......]

ए] टेलस्टॉक ऑफसेट विधि

बी] टेपर टर्निंग अटैचमेंट मेथड

C] फॉर्म टू मेथड

डी] कंपाउंड स्लाइड विधि

10-169] टेपरकाप्रमुखव्यास 40 मिमीहै, छोटाव्यास 30 मिमीहै] कार्यकीकुललंबाई 100 मिमीहैजिसेपतलाकियाजाताहैफिरऑफसेटदियाजाताहै -

ए] 5 मिमी

बी] 7.5 मिमी

सी] 12 मिमी

डी] 9 मिमी

औद्योगिक प्रशिक्षण संस्थान

मासिक टेस्ट-12, अंक- 20, दिनांक:- ________________

(प्रत्येक प्रश्न दो अंक का होता है)

1-190] लेआउटकोचिह्नितकरनेकेलिएकिसउपकरणकाउपयोगकियाजाताहै?

ए] माइक्रोमीटर

बी] वर्नियर

सी] गहराई नापने का यंत्र

D] वर्नियर हाइट गेज

2-191] वर्नियरहाइटगेजकेसाथमार्किंगकरतेसमय, वर्कपीसआमतौरपर ---------- होताहै

ए] कोण प्लेट द्वारा समर्थित

बी] एक और काम के टुकड़े द्वारा समर्थित

C] एक हाथ से पकड़ा हुआ

डी] समर्थन के बिना आयोजित किया गया

3-192] निम्नलिखितमेंसेकौनसंयोजनसेटकाहिस्सानहींहै?

स्टॉक

बी] स्क्वायर हेड

सी] प्रोट्रैक्टर हेड

डी] केंद्र प्रमुख

4-193] एकबीएसडब्ल्यूथ्रेडिंगटूलकोकेसम्मिलितकोणकेसाथग्राउंडकियाजानाहै

ए] 55◦

बी] 60◦

सी] 47.5◦

डी] 29◦

5-194] मीट्रिक 'वी' थ्रेडटूलकीनाकत्रिज्याहै

ए] 0.144 एक्स पी

बी] 0.25 एक्स पी

सी] 0.414 एक्स पी

डी] 0.0144 एक्स पी

6-195] मोटेपिचोंकेमीट्रिकबाहरीधागोंकोकाटतेसमय, यहसलाहदीजातीहैकिकंपाउंडरेस्टकोपरघुमाएं

ए] 45◦

बी] 30◦

सी] 60◦

डी.90◦

7-196] बीआईएसकीगहराई] मीट्रिकधागाहै

ए] 0.6403 एक्स पी

बी] 0.6 एक्स पी

सी] 0.6134 एक्स पी

डी] 0.5 एक्स पी

8-197] थ्रेडिंगटूलको 60◦ कोणकेलिएसटीकताकेलिए a . काउपयोगकरकेजाँचाजाताहै

ए] थ्रेड प्लग गेज

बी] केंद्र गेज

सी] पेंच पिच गेज

डी] उपकरण कोण गेज

9-198] प्रतिइंचथ्रेड्सकीसंख्याकीजाँच a . सेकीजासकतीहै

ए] टूल गेज

बी] गिनती द्वारा मीट्रिक नियम

सी] रिंग गेज

डी] पेंच पिच गेज

10-199] थ्रेडिंगकरतेसमय, गाड़ीकोरास्तेमेंलेजायाजाताहै

ए] एक ट्रैक पर एक गियर ट्रेन

बी] फीड रॉड स्पलाइन या की-वे

सी] लीड स्क्रू थ्रेड

डी] हाथ पहिया

www.ingramcontent.com/pod-product-compliance
Ingram Content Group UK Ltd.
Pitfield, Milton Keynes, MK11 3LW, UK
UKHW021917190726
13853UKWH00002B/713